公認心理師・臨床心理士大学院対策

鉄則10 & サンプル18

研究計画書編

河合塾KALS 監修
渋谷寛子　宮川 純 著

講談社

本書は，2016 年に小社より刊行した『臨床心理士指定大学院対策　鉄則 10 ＆サンプル 18　研究計画書編』の改題・改訂書籍です。

はじめに

　公認心理師を目指すには，心理系の学部を卒業すること，もしくは大学院を修了することが必要です。また，臨床心理士になるには，指定大学院の修了が必須です。一部を除いて，大学では卒業論文，大学院では修士論文が必修になっています。論文を作成するためのいわば設計図が研究計画書です。研究計画書をもとに研究を行い，論文を執筆していくのです。

　また，大学院受験では，出願の際，研究計画書の提出が求められます。一部を除いて，大学院では修士論文が必修です。そのため，研究計画書を提出してもらい，受験者が2年間で修士論文を書けるかどうかを判断するのです。しかし，大学の学部でも研究計画書を書く機会はほとんどないため，多くの受験者にとって研究計画書はハードルが高い課題です。研究計画書には何を書けばよいのか，どうしたらいいのか見当がつかないという人もいるでしょう。何から手をつけたらよいのかわからず，立ち止まってしまうこともあるかもしれません。

　本書は，多く受験者が抱く疑問や質問，陥りがちな悩み，困難などに答えるべく，研究計画書を作成するために必要なことが1冊にまとめられています。さらに，心理学の研究とは何か，なぜ，研究をする必要があるのか，論文にはどのようなルールがあり，どのような構成になっているのかなど，論文を作成するにあたってのさまざまな疑問に対しても，具体的に答える内容になっています。そこには，河合塾KALSが長年の研究計画書指導で培ってきた，生きた知識がギュッと詰まっています。

　将来，現場で実践活動をするにあたっても研究は不可分です。本書は，受験の際の研究計画書の作成，また，修士論文の執筆において，さらには，公認心理師，臨床心理士としての活動においても土台になる1冊としてお使いいただけましたら幸いです。

　本書の構成を簡単に説明しますと，第1部の第1章では，はじめて研究計画書を作成する人にも理解していただけるように，「はじめての研究計画書」としてQ＆A形式で，丁寧にわかりやすく解説しています。第2章では，実際に研究計画書を作成するためのプロセスを具体的に書いています。さらに，

この章の最後には，合格者の研究計画書作成を例として取り上げ，プロセスを解説しています。第3章では，よりクオリティの高い研究計画書を作成するための10の鉄則を書いています。また，第2部の「研究計画書データベース」では，合格者の研究計画書をサンプルとして，具体的に解説しています。

このように，単なるハウツー本でも知識の羅列でもない，実践的な研究計画書対策の本として，お使いいただけるものになっています。

皆さまのご健闘を心よりお祈り申し上げます。

最後に，本書の作成にあたり，多くのアドバイスをいただきました講談社サイエンティフィクの三浦洋一郎様，河合塾KALSの森靖義様，横田理恵様，貴重な講義資料を参考にさせてくださいました坂井剛先生，イラストを作成してくださいました河合真介様，共著の宮川純先生に，深く感謝申し上げます。そして，本書のために，研究計画書を提供してくださいました受講生の皆様に，この場を借りて心より御礼申し上げます。

2018年6月

河合塾KALS　渋谷　寛子

今回の「研究計画書編」は，第1部の第1章・第3章と，付録の面接対策を私・宮川が担当しています。特に私が担当した部分では，「研究計画書は，誰でも作れる！」という点を強調しました。書籍やネットなど，巷に出回る研究計画書の作成アドバイスは「あれもダメ，これもダメ」と言わんばかりに注意事項が並べられており，受験生が萎縮してしまうのも無理はありません。しかし，「あれもダメ，これもダメ」だから「私には無理」となってほしくありません。「どうすれば，それらの注意事項をクリアできるか？」をしっかりお伝えしたいのです。本書に散りばめられた知識や書き方，作成のポイントをおさえていけば，必ず研究計画書を作ることができる！　という実感をもって頂けるでしょう。

本書の作成にあたり，KALS新宿校・坂井剛先生の，研究計画書に関する素晴らしい講義資料を，存分に参考にさせて頂いております。この場を借りまして，坂井先生へのリスペクトとともに，深く御礼申し上げます。

2018年6月

河合塾KALS　宮川　純

公認心理師・臨床心理士大学院対策
鉄則10＆サンプル18
研究計画書編

目 次

はじめに　　　　　　　　　　　　　　　　　　　　　　　　iii

第1部　研究計画書の作り方　　1

第1章　はじめての研究計画書Q&A　　3
- Q　研究計画書ってそもそも何？　　4
- Q　なぜ，研究をする必要があるの？　　7
- Q　研究テーマって，どうやって決めるの？　　10
- Q　いつまでに何をしておけばいい？　　13
- Q　私に，研究計画書が作れるのでしょうか？　　16

第2章　研究計画書作成のプロセス　　19
- Ⅰ　研究テーマを絞り込む　　20
- Ⅱ　問題提起と仮説を提示する　　23
- Ⅲ　研究計画書の形式　　25
- Ⅳ　研究計画書を作成する際のポイントおよび留意点　　28
- Ⅴ　大学院入試では研究計画書の何を見られているのか　　31
- Ⅵ　研究計画書の実際　　31
- Ⅶ　面接の時に想定される質問　　38

第3章　研究計画書作成・鉄則10　　39
- ①　徹底した時間管理・自己管理を　　40
- ②　研究テーマの設定に，制約はいらない　　41
- ③　研究の実現可能性は，確保できる　　42
- ④　仮説は，一歩踏み込む　　43
- ⑤　無難なら量的を。質的なら覚悟を。　　44
- ⑥　方法を，1から自分で作らない　　45
- ⑦　論文独特の「方言」を使う　　46
- ⑧　あいまいなことは，書かない　　47
- ⑨　できるだけ多くの人の目を通す　　48
- ⑩　研究計画書で，「自分自身」と向き合う　　49

第2部　研究計画書データベース　　51

第1章　研究分野別タイトルリスト　　53
① 教育分野　　54
② 医療・保健分野　　55
③ 福祉分野　　58
④ 司法・矯正分野　　61
⑤ 産業・労働分野　　61

第2章　研究計画書サンプル&コメント18　　63

サンプル1 大学生における回避性人格傾向と親の養育態度・社会的スキルの関連　　64

サンプル2 教師とSCの協働のための尺度作成
〜学校組織特性の視点からの検討〜　　71

サンプル3 慢性腎不全患者の持つ不安と家族機能との関連
〜透析患者への関わり〜　　78

サンプル4 休職者における企業への帰属意識とソーシャル・サポート認知，精神的健康度との関係の検討　　86

サンプル5 絵本の読み聞かせにおける母親の意識　　93

サンプル6 新旧の同性友人からのサポートが大学新入生の精神的健康に及ぼす影響　　103

サンプル7 存在受容感と適応傾向が対人摩耗に及ぼす影響　　110

サンプル8 営業職向け職場ストレッサー尺度の開発と若手営業職の職場ストレッサー・コーピング方略の特徴の検討　　116

サンプル9 家庭との時間が作れない父親の母親とのコミュニケーションによる育児不安との関連　　123

サンプル10 心理臨床実践への課題について　　130

サンプル 11	青年期における攻撃性と孤独感の関係	136
サンプル 12	対人関係調整能力と精神的健康 　　―日常生活に存在する適応障害の要因―	143
サンプル 13	自閉症児を抱える親の支援団体に対する信頼度の変化と， 　　障害に対する受容度変化，及びTEM図作成経験による 　　自己明確化効果の測定	149
サンプル 14	青年期における友人関係と自己開示と孤独感の関係	156
サンプル 15	大学生における回想とアタッチメントスタイルおよび 　　心理的適応の関連	164
サンプル 16	仲間集団の特徴が過剰適応傾向に及ぼす影響について	169
サンプル 17	精神病棟長期入院患者のパーソナリティと社会参加自信 　　への影響　―看護師との関係を通して―	175
サンプル 18	ファン集団が自尊心に与える影響	183

付録　面接対策　187
　Ⅰ　面接前の準備　188
　Ⅱ　想定質問集　190
　Ⅲ　面接当日の心得　193

　索引　196

※本書において，臨床心理士と公認心理師を総称して「心理専門職」，臨床心理士指定大学院と公認心理師カリキュラム対応大学院を総称して「心理系大学院」とよんでいます。

第1部

研究計画書の作り方

　多くの人にとって大学院入試がはじめてであるように，その提出書類である研究計画書も，多くの人にとってはじめての作成となるはずです。よって，みなさんが研究計画書の作成に不安を感じるのは，ある意味当然です。そこで第1部では，まず「研究計画書とは何か？」を知り「どうやって書けばいいのか？」を知って頂くことで，みなさんのもつ研究計画書への疑問と不安を少しずつ緩和できたらと思います。

第1章 はじめての研究計画書Q&A

　心理系大学院の出願書類の1つに「研究計画書」があります。意外とわかりづらいこの書類，初めて心理学を学ぶ人はもちろんのこと，大学などで心理学を学んできた人であっても，意外と「研究計画書とは何か？」を正確に答えられないようです。そこで本章では，Q&A形式で「研究計画書とは何か」を，丁寧に解説していきたいと思います。

Q　研究計画書ってそもそも何？
Q　なぜ，研究をする必要があるの？
Q　研究テーマって，どうやって決めるの？
Q　いつまでに何をしておけばいい？
Q　私に，研究計画書が作れるのでしょうか？

研究計画書ってそもそも何？

　心理系大学院を受験するために，必要な書類の1つに「研究計画書」があります。さてこの研究計画書とは，どのような書類なのでしょうか。

① 研究計画書は，修士論文の計画書である

　研究計画書における「研究」とは，大学院修士課程における「修士論文」のことを指します。つまり研究計画書とは**「修士論文でどのようなテーマについて，どのような仮説に基づいて，どのような方法でデータを集め，どのように分析して仮説を検証するのか，その流れをまとめた書類」**ということになります。

　求められる分量は大学院によってさまざまです。字数が指定されている場合，多くは**1000字〜2000字**です。ただし大学院によっては，4000字ほど必要なところもあります。文体は話し言葉ではなく，いわゆる**論文調の文章**

が求められます。また自分の研究テーマについて、これまでにどんな研究が行われてきたか(**先行研究**)を多く引用しながら、文章を構成することが求められます。具体的には、本書のp.63から研究計画書のサンプルが多数掲載されていますので、ぜひそれらを見ながら、研究計画書のイメージをつかんでください。

「心理学の論文を読んだこともないし、ましてや研究のことなんてまったくわからない。そんな自分が研究計画書を書けるのか?」こういった疑問をもってしまった人もいるでしょう。でも、**大丈夫です**。そういう人のために、本書は存在します。本書は「研究計画書の作成」から「研究計画書の書式・注意点」まで、細かく説明しています。本書を読み込んで頂ければ、必ずや研究計画書は書けるようになるでしょう。

ところで、研究計画書を「修士論文の計画書」とだけ理解していると「2年後に修士論文を書くときに、取り組みたい内容が変わっていたらどうしよう?」という疑問が生じます。このように修士論文が、自分の提出した研究計画書に縛られてしまうと思いがちですが、安心してください。**心理系大学院に進学した人の9割以上は、研究計画書と同じ内容で修士論文を書いていません**。そうなると、新たな疑問が生じます。研究計画書と同じ内容で修士論文を書くことがほぼ無いならば、なぜ、研究計画書を書く必要があるのでしょうか?

② 研究計画書は、履歴書である

就職活動を例にあげましょう。就職活動は、筆記試験だけで合否(内定)が決まるのではなく、提出した履歴書(エントリーシート)とそれに基づく面接で合否が決定します。ですから就活生は、面接の資料として用いられる履歴書を念入りに作成し、想定質問とその回答をしっかり準備して面接に臨むのです。

心理系大学院入試も、就職活動と同じだと考えてください。ほとんどの心理系大学院で、筆記試験だけでなく面接も実施されます。そしてその面接は、提出された研究計画書をもとに行われます。つまり**研究計画書は、面接の資料となる履歴書の役割を果たす**のです。

例えば、研究計画書に書かれている研究テーマが乳幼児の研究であるにも

関わらず，受験する大学院に乳幼児の研究を行っている教授がいない場合，大学院のことを詳しく調べもしないで進学先を検討している，無計画な受験生と判断されるでしょう。例えば，研究計画書が心理学論文の「型」になっていなかったり，先行研究の引用がなかったりすれば，十分に心理学の論文を読まないまま大学院に進もうとしている，不勉強な受験生だと判断されるでしょう。

　研究計画書は，面接の資料として**「あなた自身」を受験校に表現する履歴書**であり，**「あなた自身」が大学院生としてふさわしいか評価される，書類審査の材料でもある**のです。よって，大学院の合格を勝ち取るには，クオリティの高い研究計画書の作成が必須なのです。

　研究計画書とは，① 修士論文の計画書。　② 面接の資料となる履歴書。
　論文調の文章，先行研究の引用など，「研究計画書の型」を正しくおさえた研究計画書の作成が，指定大学院の合格に直結する。

① 修士論文の計画書

② 面接の資料となる履歴書

質の高い研究計画書の作成が合格へと直結する!!

はじめての研究計画書Q&A ②

Q なぜ，研究をする必要があるの？

　「心理専門職を目指しているのに，なぜ研究計画書を書かなければならないのでしょうか？」という質問を意外と多く受けます。「臨床心理士が研究をする必要性」を理解するためには，「そもそも臨床心理士とはどんな資格なのか」を理解する必要があります。

そもそも，臨床心理士とは？

　「臨床心理士」を理解するにあたり最も参考になるのは，日本臨床心理士資格認定協会が定めた，臨床心理士の4領域です。臨床心理士の4領域とは「**臨床心理査定**」「**臨床心理面接**」「**臨床心理学的地域援助**」「**調査・研究活動**」を指します。具体的に1つずつ紹介しましょう。

　「**臨床心理査定**」とは，心理的な困難を抱えて来談した人（以下，クライエ

ント)の性格特徴や知的能力などを理解する過程のことを指します。このとき「笑顔が素敵な人は,きっと優しい人だろう」といったような経験的・主観的な理解ではなく,研究によって信頼性と妥当性が確保された心理検査を用いることで,客観的に理解することが求められます。

「臨床心理面接」とは,臨床心理査定で明らかになったクライエントの特徴に応じて,適切な心理療法を用いて援助していく過程を指します。この過程でも「話を聞いてあげれば,きっとスッキリするだろう」といった経験的・主観的な介入ではなく,研究によって効果が示された心理療法・介入技法を用いることで,客観的に援助することが求められます。

「臨床心理学的地域援助」とは,学校や企業など地域社会に積極的に関わっていくことで,地域の活性化や心の問題の予防に関わっていく領域を指します。学校のスクールカウンセラーや企業のキャリアカウンセラーを想像してもらうと,理解しやすいでしょう。そしてこの領域でも,個人の経験や感覚による主観的な判断・対応ではなく,心理学の知識や研究に基づいた客観的な判断・対応が求められます。

　以上のことからわかるように,これまで紹介してきた3領域すべてに4領域目の**「調査・研究活動」**が関係しています。**臨床心理士は,個人の人間性や人生経験に基づいて援助を行う仕事ではありません**。それでは,心理学の専門家ではなく,素人の人生相談にすぎないからです。臨床心理士は,これまでに蓄積されてきた心理学の専門知識と,これから明らかになる新たな研究の成果を積極的に取り入れながら,常に客観的な視点を重視して活動する,こころの専門家なのです。
　つまり,**臨床心理士を目指すということは,研究に基づいた専門的な活動を目指すということ**です。そのために,**実際に自分の手で研究を進めた経験が求められる**のです。
　なお,新たに誕生する国家資格「公認心理師」においても,そのカリキュラムの中に「心理に関する研究」が含まれています。つまり,公認心理師にも研究に関する知識や経験が必要といえるでしょう。

研究は，貴重な学びの機会

　もう1つ大切なことが「研究をする，という過程そのものが，貴重な学びの機会である」ということです。研究について考え，多くの文献に目を通す中で，多様な価値観に触れたり，新たな発見があったり，疑問が生まれたり，みなさんの頭の中は大いにかき乱されることでしょう。ただその過程そのものが，**今しかできない，貴重な学びの機会**です。そう考えれば，研究にかける時間を有意義に使えるのではないでしょうか。

　ぜひ，本書を読んだみなさんは「臨床心理士になるために，仕方なく研究する」ではなく「**自らのキャリアアップのために，積極的に研究に取り組む**」姿勢であってほしいと願っています。

　心理専門職が，素人の人生相談ではなく，こころの専門家として活動するためには，研究に関する知識や経験が必要。

〈参考〉臨床心理士の4領域

① 臨床心理査定	② 臨床心理面接	③ 臨床心理学的地域援助
心理検査などを用いたクライエントの理解	心理療法などを用いたクライエントの援助	学校や企業など地域社会への専門的な関わり

④ 調査研究活動　　臨床心理士は，個人の人間性や人生経験ではなく研究で得られた知見に基づき活動している

研究はすべてに関わってるんだ！

研究テーマって、どうやって決めるの？

　　最初の壁が「何を研究テーマとすればよいのかわからない」ということです。どうやって研究テーマを決めて行けばよいのでしょうか。

① 関心領域を決める

　関心領域とは「青年期の問題に興味がある」「情報化社会が与える影響に興味がある」といったような、研究の大きな方向性となるものです。海外旅行に例えれば、とりあえずどの国に行こうか決めるレベルです。

　とはいえ、関心領域を決めるのもなかなか大変です。まったく糸口がない人は、**p.53 からの研究計画書のタイトルリスト**に目を通してみましょう。「この研究、面白そうだな」とか「これに似た研究を自分もやってみたい」と思えるものがあったら、印をつけておいてください。それが関心領域になるかもしれません。海外旅行の例えでいうならば、他の人の旅行記を見て、どの

国に旅行するか検討するイメージでしょうか。

　また，**日常生活の中での疑問や，心理学を勉強する中で生じた疑問から関心領域を決める**のも1つの手です。「なぜ，うつ病の人に励ましの言葉は禁句なのだろう」という疑問から「うつ病に対する援助を，より深く考えてみたい！」という関心領域につながるかもしれません。

　ちなみに，この段階で関心領域を1つに絞る必要はありません。海外旅行でも，候補地がいくつかある中から最終的に行く国を決定するように，現時点では複数の関心領域があっても大丈夫です。

② 書籍で広げる（拡散的思考）

　関心領域が決まったら，その**関心領域に関する書籍**をたくさん読んでみましょう。これまでにどんな知見が積み重ねられてきたのか，課題となっていることは何なのか，たくさん「勉強」するのです。海外旅行の例えでいえば，候補地の国がどんな国なのか，どこに行って何をしたいのか，その国について存分に調べる期間です。**関心領域に関する知識を十分に得て，可能な限り視点を広げておくこと**がこの時期の目的です。書籍を読む中で得た知識や印象に残ったことはノートにまとめ，後から参照できるようにしておきましょう。

③ 論文で絞り込む（収束的思考）

　今度は**関心領域に関連した論文**を読んでみましょう。論文では「どのようにして『研究』の形にするのか」を確認するとともに，書籍によって拡散された自分の関心領域の中から，実際に『研究』の形に落とし込むことができる内容を取捨選択し，研究テーマを決定します。海外旅行の例でいえば，いよいよ旅行先の国を決定して，その国でできるたくさんのことの中から，自分が旅行先でやりたいことを決定していく段階です。

　とはいえ，「自分の関心領域に関連した心理学の論文を，どうやって見つければよいのか？」と疑問をもつ方も多いことでしょう。国内の論文を検索する時には，主にCiNiiと呼ばれるウェブサイトが活用できます。他には，Google scholarやPsychINFOと呼ばれるウェブサイトも活用できます。読む論文の数に明確な指標はありませんが，**最低でも10本以上**は目を通して

ください。研究計画書が完成するまでに，結果的に 50 本近く論文を読んだ人もいます（p.21 も参照してください）。

　読む論文を決めたら**「何が明らかになっているのか」「何が明らかになっていないのか」**をノートにまとめていきましょう。「明らかになっていること」を研究しても意味がありません。大量の論文を読む中で「未だに明らかになっていないこと」「すでに明らかになっているようだが，不十分と考えられること」を詰めていき，研究テーマとするのです。この時に，②の段階でしっかり拡散させておかないと「あれもダメ，これもダメ」とすぐにネタ切れになってしまいます。**十分な拡散があるからこそ，質の高い取捨選択ができる**のです。じっくりと時間をかけて取り組み，自身の研究テーマを決めましょう。

A

研究テーマは，主に以下の過程で決めるとよい。
① 関心領域を決める　② 書籍で広げる　③ 論文で絞り込む
　いずれも時間がかかるので，十分な時間の確保を。

① 関心領域を決める

情報化社会が与える影響は…？

② 書籍で広げる（拡散的思考）

情報といっても影響といってもいろいろあるなあ

③ 論文で絞り込む（収束的思考）

こうやって「研究」の形にしていくのか！

④ 研究テーマの決定

インターネットの利用と他人を見下す傾向の関連を調べてみよう！

はじめての研究計画書Q&A ④

いつまでに何をしておけばいい？

　ほとんどの受験生にとって「研究計画書の作成」は初めてになるはずです。そのため，いつまでに何をやっておけばよいかわかりづらく，結果として後回しにしたツケが，提出1ヶ月前に寄せられることも多いようです。どのようなスケジュールで研究計画書の作成を進めればよいのでしょうか。

作成スケジュールの例

　作成スケジュールは，次ページの①〜⑤のそれぞれに1ヶ月かかるぐらいと想定しておきましょう。つまり，9月入試で8月に願書提出ならば，8月に⑤を，7月に④を，6月に③を，5月に②を，4月に①を完了させておくのが，基本的なスケジュールの目安になります。

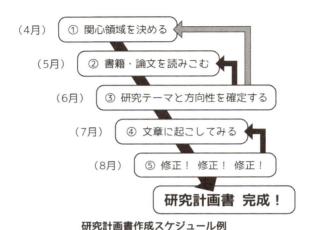

研究計画書作成スケジュール例

　なお，複数校受験する予定の人は，**まず第1志望校をターゲットとした軸となる研究計画書を作成**します。その後，他の受験校の書式や字数設定，学校の特色に合わせる形で微修正を行います（それぞれの受験校で，テーマや方向性を大幅に変える必要はありません）。

作成シミュレーション

　もう少し話を具体化するために，9月末に入試があり，8月末までに願書を提出する人を想定して，シミュレーションしてみましょう。

4月…関心領域を決定する

　研究といわれても，何を研究すればいいのか，まったく見当がついていない。とりあえず，心理学の勉強や日常生活の中で，少しでも疑問に思ったり，感動したりすることがあったらメモをとっておこう。ゴールデンウィークに入るまでには，関心領域を決めたい。

5月…書籍・論文を読み込む

　心理学を勉強する中で，芸術療法について詳しく知りたいと思ったので，芸術療法を関心領域とした。ゴールデンウィークの期間を利用して，大学の

図書館で芸術療法に関する書籍や，研究としてどんなことが行われているのか，芸術療法に関する論文をどんどん読んでみよう。

6月…研究テーマと方向性を確定する

芸術療法の中でも，特に音楽療法に興味をもった。だが，テーマがなかなか決まらない。かなり試行錯誤したが，音楽療法は高齢者に対するアプローチが中心で，現時点で青年に対するアプローチが多いとはいえないことから「青年に有効な音楽療法」を研究テーマと設定した。

7月…文章に起こしてみる

具体的に文章化に入ったが，なかなかうまく書けない。特に，青年になぜ音楽療法が必要なのか，他の心理療法にはない特徴をあげなければ，臨床的意義が見いだせない。そのためにも，音楽療法に関する書籍や論文を読む時間が必要だ。はたして，願書提出に間に合うのか？

8月…修正！　修正！　修正！

書いては修正し，書いては修正し…を何度もくり返して，ようやく完成！無事，研究計画書を願書とともに提出することができた！

スケジュールは前ページの図の通り。1つ1つの過程に約1ヶ月かかることを考えると，願書提出の半年前には作成をスタートさせたい。

私に，研究計画書が作れるのでしょうか？

　　結論からいえば，しっかり時間を確保すれば，誰でも作れます。では，なぜ「作れない」と感じてしまうのでしょうか。

① 心理学を一通り勉強したあとでないと，研究計画書は作れない？

　　そんなことはありません。研究計画書は心理学の勉強と並行して進めることができます。むしろ，心理学をきちんと学ぶまで待っていては，文献や論文を読み込む時間を確保することができません。

② 研究をしたことがないから，研究計画書は作れない？

　　そんなことはありません。研究の経験が必要ならば，大学3年生から心理学部に編入しなければならなくなります。しかし，それをせずとも研究計画

書を完成させて指定大学院に合格する人はたくさんいます。

③ 研究テーマが決まらないから，研究計画書は作れない？

　研究テーマが「決まらない」のではなく「決めようとしていない」のではないでしょうか？「決めるための努力」をし尽くしているでしょうか？　研究テーマは，自分で決めるものです。「決まらないから作れない」のではなく「決めようとしていないから，作れない」のです。

　これまで紹介してきた内容以外にも，研究計画書に関するさまざまな疑問があることでしょう。代表的な疑問をいくつか列挙してみます。
・自分の設定した研究テーマは，心理学の研究としてふさわしいか？
・研究のオリジナリティをどうやって出すか？
・臨床的意義をどのように見出せばよいか？
・倫理的な問題をどのように解決すればよいか？
・研究計画書の内容をどう構成すればよいのか？
・研究計画書としてふさわしい文章・文体とは何か？
・先行研究をどのように引用すればよいのか？
・先行研究はどこに行けば手に入れられるのか？
・先行研究についてどの学術雑誌を調べればよいのか？
・心理尺度などの研究方法の詳細をどこまで書けばよいのか？
・最後の引用文献のまとめかたはどうすればよいのか？
・タイトルはどのようにつければよいか？
・研究計画書の完成度をどう評価すればよいのか？
・教授たちは研究計画書の何を見ているのか？
　でも，安心してください。これらの疑問については，この後の**第2章で詳しく紹介**していきます。じっくり本書を読み込んで頂ければ，必ずや上記の疑問を解決することができるでしょう。

　しかし，本書では絶対に解決できない問題があります。みなさん自身が意識して行動しなければ，解決できない問題です。それは**「十分な時間の確保」**です。文献や論文を読み込むにも，計画書を書いて推敲して修正して…をくり返すにも，十分な時間を確保することが絶対に必要になります。しかし，

研究計画書に苦労する多くの人が「自分にも作れるのだろうか？」と悩んだり「よくわからないから後回しにしよう」と現実逃避したりすることによって，無駄な時間を浪費し，十分な時間の確保が困難になっているのです。
　非生産的な悩みで時間を浪費するのではなく，本書を手がかりにして，研究計画書の完成に近づく，勇気ある一歩を踏み出してほしいと思います。

　しっかり時間を確保すれば，研究計画書は誰でも作ることができる。
　必要なことは，完成に向けて確実な一歩を踏み出していく，勇気です。

第2章 研究計画書作成のプロセス

　第1章を読んで，研究計画書のイメージはわきましたか？　関心のある領域は決まりましたか？　第2章では，研究計画書を作成するための手順を具体的に解説していきたいと思います。また，この章の最後には，実際の研究計画書を用いた説明もありますので，ぜひ参考にしてください。

I　研究テーマを絞り込む
II　問題提起と仮説を提示する
III　研究計画書の形式
IV　研究計画書を作成する際のポイントおよび留意点
V　大学院入試では研究計画書の何を見られているのか
VI　研究計画書の実際
VII　面接の時に想定される質問

研究テーマを絞り込む

1. 問題意識をもつ

　研究テーマを決めるにあたって「関心領域を決める」ことが最初の段階だということは，第1章でも述べました。関心領域を見つけるにあたって，**問題意識**をもちましょう。自分の身の周りのことや社会で起こっていることに対して，「なぜ？」「どうして？」という疑問をもつことで，関心領域がみえてくるのです。例えば，「何か困ったことがあっても，誰にも相談できない。他の人はどうだろう？　相談できる人は，誰に対してするのだろうか？」という疑問をもった場合，「援助要請行動」をテーマとした研究になるかもしれません。親子などの家族関係，職場の上司や同僚との関係，友人との関係，学校生活など，研究テーマは自分が生活している周りに，自分の経験の中で見つけることができるのです。人間の心理，行動，発達（成長），健康などに多少なりとも関係していけば臨床心理学の研究テーマにすることができるのです。ただし，それを実際に研究にしていくためには，それ相応の方法が必要です。研究テーマを絞り込むには，まず，**文献**を多数読みましょう。次に，文献の探し方について解説したいと思います。

2. 文献を探す

① 書籍

　書籍には，概説書や専門書があります。図書館や書店で関心のある分野の本を探してみましょう。その時，確認してほしいのが**著者**の欄です。ほとんどの書籍は，巻末あたりに著者の紹介が出ています。著者は**大学教員**もしくは**公的機関の研究者**を中心に選びましょう。書籍の中には，学術的な裏付けがあいまいなものもかなり存在します。著者や編者の欄にカウンセラーなどと書かれていたとしても，研究計画書の文献には使用できない類の書籍もあります。著者を確認して，専門書として**学術的な裏付けのあるものを選ぶ**ようにしましょう。また，医学，社会学，教育学，福祉学，看護学などの分野の本にも，有用なものがあります。心理学のコーナーだけでなく，隣接学問のコーナーも見ておくといいでしょう。

書棚には，1つのテーマに対して複数の専門家が寄稿している専門誌も置かれています。例えば，「不登校」などといった特定のテーマに対して，複数の専門家が，それぞれ異なる立場から不登校について書いている本が，自分のテーマを絞り込む際に参考になるかもしれません。

書籍は，基本的には**新しい方**が役に立ちます。1970年や1980年代の本も書棚に置かれていることがありますが，最新の研究動向とはかけ離れたものである可能性があります。研究はどんどん発展しているため，見解が変わっていることもあります。ただし，初版は古いものであっても，その後，改訂版が出ているものはOKです。

② 先行研究の論文

研究論文は，主に学術雑誌に掲載されています。学術雑誌とは，研究論文が掲載されている，各学会等が発行するジャーナルのことです。『心理学研究』『臨床心理学研究』『発達心理学研究』『社会心理学研究』『教育心理学研究』など，心理学に関するさまざまな学術雑誌が刊行されています。学術雑誌の研究論文は，論文掲載にあたって審査があるので，内容は信頼性があると考えていいでしょう。また，医学，社会学，教育学，福祉学，看護学などの分野など近接領域の学術論文も参考にするといいでしょう。大学や研究所が発行している紀要などを参考にしてもいいですが，それぞれの機関によって審査の基準にばらつきがあります。そのため，質の低い論文が含まれることがあるのを頭に入れておいてください。

では，先行研究の論文の探し方を紹介しましょう。

i) 書籍や論文の文献リスト

テーマを決めるにあたって，関心のある領域の書籍を読んでいる人は，**書籍の巻末や章末にある参考文献や引用文献のリスト**を見てみましょう。文献リストに載っている論文を入手するという方法があります。また，何かしら論文が1本でも探せた場合，その論文が**どんな論文を引用しているのか**を確認してください。引用文献として使用している論文を読んでみてもいいでしょう。どんな論文を読めばよいかわからない時に，特に有効です。

ii) 検索システム

国立国会図書館や **CiNii** などの論文検索システムで探すという方法があります。メインはこの方法です。検索システムで，研究テーマに関するキーワードを入力すると，そのキーワードがタイトルに含まれている論文の一覧が表示されます。例えば，検索システムに，「不登校」と入力すると，タイトルに「不登校」が含まれている論文が出てきます。ただし，別のキー

ワードを使って類似のテーマで論文が書かれていることがあります。そのため，「学校不適応」や「引きこもり」などのキーワードでも検索をしてみてください。それをすることで，必要な先行研究を探すことができます。また，関心のある領域でどのような研究が行われているのかを知ることができ，すでに他の人が行っている内容で研究計画を立ててしまうという事態に陥らずにすみます。また，「職場のストレス」に関心がある場合，「ストレス」と検索すると，膨大な量の論文が出てきます。どれを読んだらいいのかわからないと困惑することがあります。その場合，「職場　ストレス」と2つのキーワードを入力することで，論文を絞ることができます。ただし，この場合も，一般的なストレス研究として，すでに行われていることを取りこぼしてしまわないように注意してください。論文の検索は，**最初は広く，だんだんと絞る**ようにしてください。

論文の入手方法については，この後の項目を参照してください。

先行研究の論文は，関連のありそうなものは**とりあえずコピー**して，それを後からまとめて見る方がいいでしょう。**その時には必要ないと思っていても，研究計画書を作成したり検討していくうちに必要になる**こともあります。必要になった時にすぐに見ることができるように，手元に置いておくことをお勧めします。

先行研究を調べることで，自分のやりたいテーマについてどのような研究がされてきたのかを知ることができます。また，自分の考えを整理することもできます。研究計画書では，先行研究でまだ明らかになっていない部分や不備がある部分を指摘したりして，自分の研究テーマを明らかにしていくことになります。そのため，どれだけ先行研究を調べたかで，研究計画書の質が決まるといっても過言ではありません。時間を確保して多数読みましょう。

③ 先行研究の学術論文の入手方法

i) 大学の図書館

大学の図書館には，各学会が刊行している学術雑誌が所蔵されています。ただし，どの学術雑誌が置いてあるかは大学によって異なります。大学生の人は，自分が所属している大学にどのような学術雑誌があるのか，確認してみてください。欲しい論文の載っている学術雑誌が自分の大学に所蔵されていない場合，所属大学の図書館を通じて他校の図書館から取り寄せてもらえる場合があります。利用依頼書を発行してもらい，自分で他校の図書館に出向き，閲覧させてもらえる場合もあります。

すでに大学を卒業している人は，まず出身校の図書館に問い合わせてください。多くの大学で，卒業生には図書館利用を認めています。また，卒業生でなくても利用できる場合があります。国公立大学では一般開放していることが多く，私立大学でも市内の住民には利用を認めていることがあります。必要に応じて問い合わせてみてください。

ii）国立国会図書館

　ほぼ確実に文献・論文が手に入ります。複写サービスは有料ですが，図書館に行かなくても，論文のコピーを郵送してもうことができます。インターネットからも複写の申し込みが可能です。

iii）CiNii（NII論文情報ナビゲータ）

　国立情報学研究所（NII）が運営する学術情報ナビゲータで，インターネットで論文検索ができるサービスを提供しています。直接アップロードされている論文は本文も読むこともできますが，**無料でアップロードされている論文は少なく，有料のものも限られています**。なお，有料の論文でも，所属大学の学内認証システムでログインすると，論文を読むことができます。リストに所属大学があるかどうかを確認しておくといいでしょう。いずれにしても，本文まで閲覧できる論文は限られていますので，CiNii では，**論文名を検索するのが主な利用法**になります。また，**その論文が所蔵されている大学図書館の一覧も確認することができます**。

iv）インターネット情報について

　官公庁発表の各種統計資料や白書などは，インターネットで公開されていることがありますので，必要に応じて確認してください。また，大学の研究室のページでは，その大学の研究紀要が PDF などで配布されていることもあります。ただし，**インターネット上の情報は，信憑性に乏しいものも存在します**。基本的には，官公庁が公開している情報や信頼できる研究者のページ以外は利用しない方がいいでしょう。

問題提起と仮説を提示する

1．問題提起

　先行研究を調べたら，問題提起をしましょう。問題提起では，自分の研究テーマについて，疑問に思っていること，問題だと思うこと，明らかにされ

ていないことなどあげ，解決する必要性などを提示します。例えば，若者の就労状況で，新卒者の卒業3年以内の離職率が高いという状況について問題を感じたら，その現状や問題点を示したうえで，改善の必要性などを提示しましょう。

2．仮説

問題提起に対する仮説を提案します。仮説を導くための方法の1つとして，次のような考え方をしてみましょう（p.43 も参照）。

> 人間になんらかの刺激を与える　⇒　ある反応が現れる
> ・ただし，その反応は人によって違う
> ・同じ人でも，その時々のコンディションや精神状態によって反応が違う

別の言い方をすると，同じような状況になったり，同じ出来事に遭遇しても，人によって反応は異なります。あるいは，同じ人でもその時々によって反応が異なるということです。

例えば，新卒者の卒業3年以内の離職率が高いことが問題であるため，その仮説を提示する場合，別の反応をする人，つまり，**3年以上継続して就労している人との違いを考える**のです。すべての新卒者が3年以内に離職するわけではありません。3年以上継続して就労している人もいるのです。**なぜそのような違いが現れるのか**を検討することで，仮説を導くことができるのです。例えば，就職活動中の自分との向き合い方が違うのかもしれません。あるいは，大学の就職支援の活用の仕方かもしれません。離職する人と就労継続している人との違いを示して，就労継続している人に対してみられる特徴を，離職する人が取り組めるようにサポートすることで援助につながる可能性があるのです。

ただし，**自分が提案した仮説が妥当かどうかを，先行研究で示していく必要があります**。そのために，新しい文献を探すことになることもあります。研究計画書では，自分が提案した仮説が，個人的な経験や思い付きではないことを，先行研究を用いて示さなければなりません。そのためにも，多くの先行研究を読むことが必要なのです。

問題提起と仮説を検討したら，文章にしてみましょう。文章にすると，不十分な点や，さらに調べたり検討しなければならないところがみえてきます。

研究計画書には，書き方のルールや，織り込こまなければならない内容が

あります。次に，代表的な研究計画書の形式を解説したいと思います。

研究計画書の形式

1. タイトル

　自分の研究計画がどのようなものかが明確にわかるタイトルをつけましょう。あまり抽象的なタイトルにならないようにしてください。ただし，タイトルは抽象的な表現にして，具体的な内容をサブタイトルにつけるという方法もあります。

　タイトルと内容がずれないようにすることも大切です。そのため，タイトルをつけるのは，研究計画書が書き上がった後でもかまいません。第2部第1章には研究計画書タイトルの一覧が掲載されていますので，参考にしてください。

2. 問題と目的

　研究計画書のメインです。全体の7〜8割ぐらいを「問題と目的」で占めることになります。問題と目的は，次のような内容から構成されています。

> (1) 研究テーマ
> 　　自分の研究テーマや問題提起を述べる
> (2) 問題提起に関する先行研究のレビュー
> (3) (2)から導かれる自分の視点
> 　　これが研究仮説になる
> (4) この研究から期待される効果
> 　　研究の意義などを述べる

　(1)では，問題提起に至った背景も述べます。「こういう背景があるから，このような問題提起に至った」ということがわかるように記述しましょう。(2)で述べる先行研究は，ただ羅列するわけではなく，自分の研究を行う背景として，どのようなことが知られているのかということを明らかにします。これまでの研究成果を整理し，まだ明らかになっていない点や，不十分な点

を指摘します。そのうえで，論理的な仮説を提示します。**自分の仮説の妥当性について，先行研究を用いて示す**のです。「この論文では○○○ということがわかった。その論文では▽▽▽ということがわかった。あの論文では◇◇◇ということがわかった。それらを総合的に考えると，☆☆☆という仮説が立てられる」という話の流れを作るのです。

3．方法

　方法には，誰を対象にして，どのような方法でデータを収集し処理をするのか（研究法など）を書きます。量的研究の場合は，**使用する尺度**なども書いてください。指定文字数の関係で尺度の名前しか書けない場合もありますが，その尺度が何を測定し，それらを使用して分析することで何がわかるのかも書いておくといいでしょう。書かない場合でも，面接で聞かれたら，答えられるようにしておいてください。また，統計の方法は必ずしも書いていなければならないわけではないですが，やはり，答えられるようにしておきましょう。

■参考 … 量的研究と質的研究

　数値で表現されたデータに基づく研究で，統計的な分析のもとに仮説の検証を行う方法を量的研究といいます。量的研究は，尺度などを用いた質問紙調査や実験などでデータを収集します。

　言葉などの記述的なデータをはじめとする数量化できないデータを分析する方法に質的研究があります。面接を実施して記述的データをとったり，映像や図などで表記されたものなど数値で表現できないデータを扱います。

　研究方法としては調査や実験による量的研究の方が，研究計画が具体化しやすく，結果の予測が可能になるので，入試の時の研究計画書としては無難です。なお，事例研究や文献研究は修士論文の研究計画としては認められない場合が多いため，除外してください（p.44 も参照）。

4．引用文献

　研究計画書を作成する時に引用した文献のリストを書きます。ほとんどの研究計画書は文字数が指定されています。そのため引用文献のリストを本文に含めてしまうと，それだけで文字数がとられ，研究計画書の内容が不十分になってしまいます。しかし，どのような文献を使用したのか，ひと目でわかることも大切です。引用文献のリストは，研究計画書の本文には含めず，

■先行研究の引用の方法

　心理学の先行研究を引用する時にはルールがあります。日本心理学会は，心理学論文作成のルールとして『執筆・投稿の手びき』を刊行していますので，研究計画書もこの手引きを基準に執筆することをお勧めします。そのうち，研究計画書に関連すると思われるものについて解説したいと思います。

1．本文中に文献を引用する場合は，著者名の直後に刊行年を添えます。

○ **本文中に文章として入れる場合**
「宮埜（2014）によれば…」，「Miyano（2014）は…」
○ **括弧内に文献を示す場合**
「…という（森川，2014）。」，「…である（Morikawa, 2014）。」

　著者が2名の共著の場合は，引用の度に両著者名を書く。日本語文献では，著者名の間は中黒（・）で結ぶ。例）「伊東・越智（2014）は…」，「…している（伊東・越智，2014）。」
　英語文献では，"&"を用いる。例）「Shimizu & Haryu（2014）によれば…」「…確認された（Shmizu & Haryu, 2014）。」
　著者が3～5名の共著の場合は，初出の際には全著者名を書く。2度目以後は，第1著者名を書き，第2著者以降は日本語文献では「他」，英語文献では"et al."と略記する。

（日本心理学会「執筆・投稿の手びき」より）

　先行研究を引用する時には，文中のどの部分が引用で，どの部分が自分の考えなのかを明確にすることが重要です。
　また，文献の間接引用（孫引き）は，極力避けるようにしてください。先行研究の論文の中で，他の論文から引用されている文章を使用したい時には，元の論文から直接引用してください。

2．引用文献の記載の仕方

　引用文献は本文の次に一括して示します。

○雑誌の場合は，「著者名，刊行年次，表題，雑誌名（英字の場合はイタリック体），巻（イタリック体），ページ」の順で記載。
例）Ekman, P., Davidson, R. J., & Friesen, W. V. (1990). The Duchenne smile: Emotional expression and brain physiology II. *Journal of Personality and Social Psychology*, *58*, 342-353.
小川 時洋・門地 里絵・菊谷 麻美・鈴木 直人（2000）．一般感情尺度の作成　心理学研究，*71*, 241-246.

○書籍の場合は，「著者名，刊行年，書籍名，出版社」の順で記載。
例）宮埜 寿夫（1993）．心理学のためのデータ解析法　培風館
文献の刊行年は，すべて刊行された西暦年を用います。刊行年には（　）．を付けます。表記が2行以上にわたる場合は，2行目以降を全角2文字（半角4文字）分下げます。

3．引用文献の記載順序

　引用文献は，日本語文献と外国語文献を分けず，著者名（姓）のアルファベット順に配列する。共著の場合も，第1著者の姓のアルファベット順に配列する。
　同姓の者が複数いる場合には，名のアルファベット順による。
　同一著者の，あるいは同一配列の共著の文献がいくつかある場合には，早い刊行年のものから順に並べる。
　　　　　　　　　　　　　　　（日本心理学会「執筆・投稿の手びき」より）

　日本心理学会のURLに具体的なサンプルとともに詳細な説明がされているので，確認しておくとよいでしょう。（http://www.psych.or.jp/publication/inst.html）

IV　研究計画書を作成する際のポイントおよび留意点

　研究計画書には，おさえておきたい重要なポイントや留意しなければならないことがあります。

Ⅳ　研究計画書を作成する際のポイントおよび留意点

1．研究のオリジナリティが必要

　過去に研究されていないことをするのがオリジナリティです。というと，何か突飛なことを研究しなければならないと思うかもしれませんが，修士論文の研究にそのようなことを求めているわけではありません。先ほど，研究計画書は，「まだ明らかになっていない点や，不十分な点を指摘し，そのうえで，論理的な仮説を提示する」と書きましたが，**まだ明らかになっていない点を明らかにしたり，不十分な点を補足していくことが，研究のオリジナリティ**なのです。これを見極めるためにも，自分のやりたい領域の先行研究の論文をできるだけ多く読むことが必要になってくるのです。論文の読みが不十分であるために，すでに他の誰かがやっている研究で研究計画書を作成してしまったら，勉強不足が露呈してしまい，大きなマイナスになってしまいます。先行研究を多数読み，オリジナリティをみつけましょう。

2．研究の実現可能性

① 時間的な実現性

　1回の研究でできることは限られています。特に臨床心理学専攻の人は，授業の時間数も多く，実習もしなければなりません。いくらやりたいと思っても，また，意義がある研究でも，修士課程の2年間で終わらないような規模の研究計画を立てるのはかえってマイナスです。自分のやりたいこと，知りたいことに近づくための一過程の研究としてとらえておくといいでしょう。**自分にできる研究計画を立てる**ことが大切です。

② 研究法についての実現性

　量的データを収集した場合には統計による分析方法を，質的データを収集した場合にはグラウンデッドセオリーなどの質的分析を，それぞれ理解していなければなりません。尺度の作成をするのであれば，一連の手順を知らなければなりません。自分の行う研究法を理解しているのか，それを自分が実施できることで，はじめて実現可能な研究計画とみなされるのです。

　研究計画書を作成するためには**研究法の知識**が必要です。心理学の研究法の本はたくさん出版されています。最低1冊以上読んでみて下さい。

3 対象者

研究計画書には，**研究の対象者を誰にするか明記**しなければなりません。対象者に協力してもらえるかどうかはとても重要です。例えば，うつ病の人を対象者にした場合，どうやってデータを取らせてもらうのでしょうか？病院などにお願いしても，引き受けてくれることはまずありません。研究者がうつ病の人を対象に何かしらの活動をしているなど，特別なフィールドをもっていない限りは不可能です。学校も同様です。実現不可能な対象者を設定してしまった場合，どれだけ完成度の高い研究計画書を作成しても，すべて台無しになってしまいます。大学院に入学してから，指導教員等に紹介してもらうというのは基本的に認められません。研究計画書を書いた時点で，協力してもらえる対象者であることが大切なのです。

そのため，対象者を大学生にする人も多いですが，大学生を対象者とする場合には，なぜこの研究が大学生である必要があるのかを答えられなければなりません。頼みやすいからとか，データが集まりやすいからというのは理由にはならないので注意しましょう。

研究の実現可能性については，面接でも聞かれることが多いので，明確に答えられるようにしておいてください（p.42 も参照）。

3．研究倫理に配慮する

臨床心理学の研究では倫理が大変重視され，各学会や大学には倫理審査委員会も設置されています。**心理学の研究は，研究に参加してくれた人に，少なからず，負担やリスクをかけることになるからです**。不必要にたくさん調査をしたり，苦痛を伴うような調査は，できるだけ避けるような研究をすることが大切です。研究計画書においても，研究倫理に配慮したものであることが重要です。どのような配慮をしたのか，面接で聞かれたら答えられるようにしておいてください。どうしても負担をかけてしまいそうな研究をするときには，どのような対処をするのか研究計画書に書くことをお勧めします。

4．臨床的に意義のある研究にする

第１章の中で，臨床心理士には「臨床心理査定」「臨床心理面接」「臨床心理的地域援助」の３つの専門活動があると紹介されていますが，４つ目の「調査・研究活動」は，これらの３つの専門活動に，少なからず貢献することが求められています。研究で明らかになったことがあったとしても，これらの

活動に貢献しなければ，臨床的に意義があるとはいえないのです。臨床心理士の具体的な活動については，「一般社団法人日本臨床心理士会」のホームページに掲載されていますので，それらも参考にしてください。

5．心理学の学術的な文章に慣れる

　心理学の論文は，専門用語を用いた独特の文体で書かれています。研究計画書もこのような文体で書くことになります。ただし，慣れないとかなり読みにくく，書くこともできません。なるべく多くの心理学の専門書や論文を読み，**心理学独特の文章に慣れましょう**（p.46 も参照）。

大学院入試では研究計画書の何を見られているのか

　研究計画書では，受験者が，2 年間で修士論文を書けるかどうかが判断されています。その際，研究計画書としての構成ができているか，体裁が整っているかが最低限の条件です。それができていない研究計画書は，どれだけ意義のある研究テーマであっても，修士論文を書くレベルではないとみなされてしまいます。そのうえで，研究計画書の背景となる専門知識（先行研究，専門書）をどの程度もっているのか確認しています。時間をかけて練られた研究計画書なのかを見ています。また，受験生に関心のある領域も確認しています。指導教授と一致しているかどうかはそれほど重要ではありませんが，その大学で研究できる領域であることは必要です。

研究計画書の実際

　大学院合格者の研究計画書を使って，作成プロセスを解説します。本書に書かれている手順と照らし合わせながら，読み進めてください。

■問題提起

> 現代社会では誰もがさまざまなストレスを抱え生活している。特に職場には避けることができないさまざまなストレスがある。そのようなストレスにさらされながらも，より健康的に生活するにはどうしたらいいのか？

　この人は心理学科の出身ですが，大学を卒業してから就職しました。その時の職場での体験から得た問題提起です。関心のある領域として「職場のストレス」などに関する文献を読み込んでいきました。

■仮説を立てる
　仮説を設定していくうえで，次のように進めていきました。
「職場でネガティブな体験をした時に精神的ダメージを受けてしまう。一方で，比較的健康度を高く保っていられる人がいる。その違いはどこにあるのか？」という問いについて考えました。
　これまでに探した先行研究の中に適切な論文がなければ，新たに探すことになります。この人は，「体験したことをどう意味づけるか」によって健康度が異なるのではないかという考えに至りましたが，「どう意味づけたか」では漠然としてしまいます。ここで大切なのは具体的に示すということです。そこで，「積極的困難受容」という概念で説明しました。「積極的困難受容」とは，ネガティブと判断されていた出来事を，ポジティブ面とネガティブ面の両面が含まれていると自分なりに再評価し，意味づけを行うことと定義されています。それを「積極的困難受容」という概念で示したために，明確になっています。

仮説①
「ネガティブ経験に対する積極的困難受容性が精神的健康度を促進する」という最初の仮説が決まりました。
　仮説①としたのは，これでは，修士論文の研究計画書としては不十分だからです。もう一歩進めなければなりません。その時の考え方も，やはり「違いを考える」を採用しました。**ネガティブ体験を積極的困難受容できる人とできない人の違い**です。別な言い方をすると，「どのような人が，ネガティブ経験を積極的困難受容できるのか？」ということになります。その違いをもたらすものを「他者とのつながりや支え」だと考え，「他者との関係性認知」という言葉で説明しました。他者との関係性をポジティブに捉えることが，

積極的困難受容の促進要素になるという仮説を考えました。

仮説②
「他者とのつながりを高く感じている人は，ネガティブな経験を肯定的に意味づける傾向がある。したがって，他者との関係性をよりポジティブに捉える方が，ネガティブ経験を積極的困難受容でき，それにより精神的健康度は促進される」

　これをどのように研究計画書に落とし込むのか，「研究計画書の形式」にもとづいて解説したいと思います。なお，研究計画書の中に書かれている文章は『　』で表記しています。この後に研究計画書の完成版がありますので，適宜確認してください。

① タイトル

ネガティブ経験に対する積極的困難受容の検討
―他者との関係性認知の関連から―

② 問題と目的

(1) 研究テーマ … 1段落目

　問題提起として，勤労者のストレスの高さと，そこからもたらされる不適応などを述べています。先行研究と厚生労働省などの公的データなども引用しています。

(2) 問題提起に関する先行研究のレビュー … 2段落目
ポジティブ心理学
『さまざまな困難を積極的に意味づけ，回顧することで乗り越えていくという対処方法を重要視』
　→困難に対する意味づけが回復への対処法となるという点から，意味づけの重要性を示し，「積極的困難受容」へとつなげています。
　そして積極的困難受容の定義を書いています。研究計画書では，キーワードが出てきたら**可能な限り定義を書く**ようにしてください。

『ストレスフルな経験の後の積極的困難受容が精神的な適応に関連』
　→先行研究から精神的な適応に対する積極的困難受容の効果を示しています。

『ネガティブな経験の肯定的に意味づけている場合，他者とのつながりや他者からの支えを感じている傾向があり，精神的回復力とも相関』
→肯定的な意味づけが精神的回復力に効果的であるということ，その際，他者とのつながりや支えが有効に働いていることを示しています。

『ソーシャルサポートが精神的健康の維持に有効』
『職場におけるソーシャルサポートが精神的健康やストレス増加の抑止などに効果がある』
→ソーシャルサポートが精神的健康の維持に有効であるという先行研究から，他者からのサポートの効果を示しています。さらに，職場でもそれが認められるという先行研究を示し，他者との関係性の重要性を示しています。

先行研究は，このように自分の仮説の妥当性を説明するために，焦点を明確にしながら段階的に提示していきます。その際，「積極的困難受容」「精神的健康」「他者との関係性の認知」といったキーワードをもとに組み立てていくと，焦点がぼやけずにまとめやすくなります。

(3) 2から導かれる自分の視点
(4) この研究から期待される効果 … 3段落目

先行研究からわかったことを述べ，そのうえで研究の目的と研究仮説を提示しています。最後にこの研究の意義を述べています。

3 方法

『勤労者を対象とする。年齢については，社会経済生産性本部（2007）より，うつ病などの精神疾患による休職者全体の約65％にあたる30歳代，40歳代を想定する』
→対象者を選定した理由も述べています。

その後に尺度について書かれています。尺度は，名称と何を測定するのかを述べています。また，その尺度が誰の研究で用いられているものなのかも明記しています。

問題意識から仮説を設定し，それを研究計画書に落とし込むまでの流れをみてきました。完成した研究計画書は以下の通りです。

ネガティブ経験に対する積極的困難受容の検討
―他者との関係性認知の関連から―

【問題・目的】

　現代社会において，人々は多様な心理社会的な刺激に接し，日々ストレスを抱えて生活している。誰もがネガティブでストレスフルな体験をしていると考えられるが，例えば，転勤や昇格，過重な超過勤務など，一定以上のストレスを受ける体験は，最悪の場合，心理社会的な不適応状態に至らしめる可能性がある（羽鳥・小玉，2009）。厚生労働省の統計（2008）によると，仕事での強い不安，悩み，ストレスがあると回答する勤労者の割合は58.0％であるとされ，さらに，77.2％の企業に精神疾患のために1ヵ月以上休業している従業員がいるという報告もある（社会経済生産性本部，2009）。このように，日本においてはストレスが勤労者に対して多大な影響を与えていることは明白である。

　しかしながら，近年注目されているポジティブ心理学では，さまざまな困難を積極的に意味づけ，回顧することで乗り越えていくという対処方法を重要視している。羽鳥・小玉（2006）は，ネガティブと判断されていた出来事を，ポジティブ面とネガティブ面の両面が含まれていると自分なりに再評価し，意味づけを行うことを「積極的困難受容」と概念化し，積極的困難受容尺度を作成している。羽鳥（2008）では，極めてストレスフルな出来事を経験した後の積極的困難受容が，精神的健康に適応的な方向に影響を与えていることを示唆している。さらに，松下（2007）では，ネガティブな経験を肯定的に意味づけている場合，他者とのつながりや他者からの支えを感じている傾向があるとし，同時に精神的回復力との相関があることが示された。ここでも，意味づけの重要性が示唆されている。一方で，他者からの支えの影響は，ソーシャルサポート研究におい

ても多くの知見がある。特に，ソーシャルサポートが精神的健康の維持に有効であることは，これまでに多くの研究において確認されている（森本，2006）。島・廣・大川・池田・佐藤（1991）や小牧・田中（1993）などは，職場におけるソーシャルサポートが精神的健康やストレス増加の抑止などに好影響を与えることを示しており，職場における他者との関係性の重要性を浮き彫りにさせている。

　このように，積極的困難受容や他者との関係性がそれぞれ精神的健康に総じて適応的な影響を与えていることが示唆されてきた。特に，他者とのつながりを高く感じている人は，ネガティブな経験を肯定的に意味づける傾向がある。従って，他者との関係性をよりポジティブに捉えることが，積極的困難受容の促進要素になっている可能性を考えることができる。そこで本研究では，日常的にストレスにさらされていることが指摘されている勤労者を調査対象として，積極的困難受容を促進させる可能性要因としての他者との関係性認知の影響を明らかにすることを目的とする。ここで，他者との関係性をよりポジティブに認知することと積極的困難受容度は，精神的健康度に加算的に影響を与えるという点を仮説とする。以上の点を明らかにすることは，勤労者のポジティブな心理的作用の妥当性を確認し，臨床場面におけるさまざまな介入に有効な情報を提供しうるものという点で，意義があると考えられる。

【方法】

　勤労者を対象とする。年齢については，社会経済生産性本部（2007）より，うつ病などの精神疾患による休職者全体の約65％にあたる30歳代，40歳代を想定する。その際，就労年数，役職の有無，職種等も調査する。

　測定方法に関しては，質問紙法による調査を想定している。積極的困難受容の測定については，羽鳥・小玉（2006）の積極的困難受容尺度を用いる。ネガティブな経験についての規定は，羽鳥（2008）に則り，さらに勤労者という点を鑑み，過去5年以内に仕事上で体

験した最も辛い出来事とする。精神的健康については，中川・大坊（1996）の日本版GHQ28を使用する。他者の関係性の捉え方を測定する尺度としては，松下（2007）を参考に，自己感情尺度（松下，2007）から8項目を抜粋したものと，心理的支え尺度（串崎，1998）を用いる。これらのデータをもとに，積極的困難受容，他者との関係性認知を独立変数，精神的健康を従属変数として各変数間の関係をみる。

【引用文献】

羽鳥 健司（2008）．極めてストレスフルな出来事に対して行われる積極的困難受容がその後の精神的健康に与える影響について　東京成徳大学臨床心理学研究, *8*, 3-10.

羽鳥 健司・小玉 正博（2006）．困難事態に対する肯定的意味づけと主観的well-beingとの関連　日本心理学会第70回大会発表論文集, *31*.

羽鳥 健司・小玉 正博（2009）．我々は困難な状況でどう成長するのか：困難体験に対する肯定的意味づけの視点から　ヒューマン・ケア研究, *10*(2), 101-113.

小牧 一裕・田中 國夫（1993）．職場におけるソーシャルサポートの効果　関西学院大学社会学部紀要, *67*, 57-67.

厚生労働省（2008）．平成19年労働者健康状況調査結果の概要　厚生労働省

串崎 真志（1998）．心理的支え尺度の作成—大学生版の検討　心理臨床学研究, *16*, 186-192.

松下 智子（2007）．ネガティブな経験の意味づけ方と自己感情の関連　心理臨床学研究, *25*(2), 206-216.

森本 寛訓（2006）．ソーシャル・サポートの互恵性と精神的健康との関連について　川崎医療福祉学会誌, *16*(2), 325-328.

中川 泰彬・大坊 郁夫（1996）．日本版GHQ精神健康調査票手引き（改訂版）　日本文化科学社．

島 悟・廣 尚典・大川 日出夫・池田 彬・佐藤 欣一（1991）．企業従業員の精神健康とソーシャルサポート　産業医学, *33*, 834.

社会経済生産性本部（2007）．産業人メンタルヘルス白書2007年度版　社会経済生産性本部

社会経済生産性本部（2009）．産業人メンタルヘルス白書2009年度版　社会経済生産性本部

面接の時に想定される質問

　最後に，この研究計画書について，面接の時に想定される質問をあげておきます。一般的な質問は「付録　面接対策」で確認してください。ここでは，前ページまでの研究計画書への個別の質問をあげていきたいと思います。質問されるのは，主に，書いてある内容について**詳しく聞きたいところ**や**確認したい箇所**，**あいまいな点**や**疑問点**など，さらに，研究計画書には**書かれていないが確認したいこと**，**研究の実現可能性**や**倫理**など，「Ⅳ．研究計画書を作成する際のポイントおよび留意点」に書かれていることなどです。具体的にあげてみましょう。

①「積極的困難受容」の先行研究を具体的に説明する。尺度の妥当性などについても説明。
②他者の関係性の捉え方を測定する尺度として，自己感情尺度から8項目を抜粋したものと，心理的支え尺度を用いると書かれているが，それは妥当か？なぜ，その尺度で測定しようと考えたのか。
　また，他者との関係性をよりポジティブに認知することで，積極的困難受容を促進する可能性があると書かれているが，臨床の現場ではどのように援助に活かすのか。
③30歳代，40歳代の勤労者を対象としているが，協力してもらえるか？
　その際，就労年数，役職の有無，職種等も調査すると書かれているが，それらを具体的にどのように研究にいかしていこうと考えているのか。
④ネガティブ経験をどのように測定に利用するのか。また，その際の倫理的配慮はどうするのか。
⑤積極的困難受容，他者との関係性認知を独立変数，精神的健康を従属変数として各変数間の関係をみると書かれているが，どのような分析方法（統計法）を考えているのか。

　研究計画書の作成時から，面接のことも考えておく必要があります。特に②については，研究計画書の中でややあいまいな書かれ方をしているので，質問される可能性が高くなるでしょう。

第3章 研究計画書作成・鉄則10

　本章では，第2章で紹介されている作成方法を軸として，よりクオリティの高い研究計画書を作成するために意識したい点を，鉄則として10個あげました。主に鉄則①と⑩は研究計画書作成全般に関する注意点を，鉄則②～⑥は研究計画書の構想段階における注意点を，鉄則⑦～⑨は文章として書いていくうえでの注意点を，それぞれ紹介しています。作成に行き詰まった時の道しるべとして，ぜひ活用してください。

鉄則①	徹底した時間管理・自己管理を
鉄則②	研究テーマの設定に，制約はいらない
鉄則③	研究の実現可能性は，確保できる
鉄則④	仮説は，一歩踏みこむ
鉄則⑤	無難なら量的を。質的なら覚悟を。
鉄則⑥	方法を，1から自分で作らない
鉄則⑦	論文独特の「方言」を使う
鉄則⑧	あいまいなことは，書かない
鉄則⑨	できるだけ多くの人の目を通す
鉄則⑩	研究計画書で，「自分自身」と向き合う

鉄則① 徹底した時間管理・自己管理を

　研究計画書を作成するためには，さまざまな点で自分の考えを明確化し，まとめる必要があります。これには**多くの時間を要します**。何しろ，人間の思考はさまざまな方向に勝手に拡散していき，収集がつかなくなりやすいからです。また，研究計画書の作成においては，これまで紹介してきたように，たくさんの先行研究を読み込み，それらの内容を整理する必要があります。読んだ先行研究が多ければ，自分の研究計画書に「使える」か「使えない」かの取捨選択が可能です。しかし，限られた論文しか読んでいないと，引用数を確保するために「使えない」内容でも，無理矢理使わざるをえません。やはり，ここでも十分な時間が必要です。

　結局のところ，**研究計画書の準備で最も大切なことは「時間管理」**です。準備時間が足りない計画書の「浅さ」は，面接官である大学教授たちに，すぐに見抜かれてしまうと思った方がよいでしょう。よって，心理学や英語の勉強と平行して，**必ず「研究計画書の時間」を確保**してください。「毎週月曜日の9時からは，絶対に研究計画書に取り組む時間」など，週に最低1時間以上確保しましょう（提出期限が近い人は，もっと増やす必要あり）。心理学と英語の受験勉強に追われているうちに，気がついたら時間が経っていて，研究計画書が何も進んでいない，というのはよくある話です。気まぐれに研究計画書に取り組むのではなく**「絶対に取り組む時間」を決めておく**のです。

　では「研究計画書の時間」だけ，研究計画書に取り組むのか，というと，そうではありません。**研究計画書専用のノートを1冊用意**してください。移動時間，待ち時間，食事の時間，家でのくつろぎの時間，日々の生活のさまざまな時間において，ふと頭の中に思い浮かんだことを，即座にメモしておける環境を作っておくことで，研究計画書作成が事実上24時間体制（！）になり，結果として研究計画書に多くの時間をかけることができます。

　また，**頭の中に思い浮かんだことを文字にすることによって，目に見える形となり，内容の検証や比較が容易**になります。良いアイデアだと思っていたことが，実は大したアイデアではなかったり，逆に何気ないことがビッグアイデアに変身することもあります。研究計画書用のノートを作ったら，どんなにくだらないと思うことでも，考えたことを自由連想的にノートに書き表してみてください。必ずや研究計画書の作成にプラスに働くことでしょう。

　研究計画書作成最大の秘訣は「徹底した時間管理・自己管理」です。

研究テーマの設定に，制約はいらない

　多くの人が，研究テーマが決められずに悩みます（ここでいう研究テーマとは「不登校」「うつ病」「親子関係」「完璧主義」など，研究として扱いたいキーワードのことを指します）。陥りがちなこととしては，自らの道を自らでふさいでしまうことです。例えば「不登校」をテーマとして選ぼうとして…

「不登校の子どもを調査するのは，倫理的な問題があって不可能ではないか」
「不登校については，すでに多くの研究がなされており，新たな研究の余地がないのではないか」

　このように考えてしまい「不登校」という研究テーマを諦めてしまうのです。しかし，質の高い研究計画書を作るうえでも，研究計画書作成のモチベーションを高めるうえでも**「自分が，最も興味がある内容をテーマにする」**ことが，**何よりも大切**です。

「こんな考えは研究にならないのではないか」
「こんなことを研究するのは不可能ではないか」
「こんなテーマでは，臨床的な意義がないのではないか」
「こんなテーマでは，受け入れてくれる大学院がないのではないか」

　このような心配は，後からすれば十分。どんなに無謀なテーマに見えても，どんなに臨床心理学っぽくないテーマに見えても，「ひと工夫」するだけで，十分に実現可能な，十分に臨床心理学的で，かつオリジナリティを保持した，素晴らしい研究テーマになります。その**「ひと工夫」の仕方を今の皆さんはまだ知らないだけ**なのです。そして，本書にはそのさまざまな「ひと工夫」の仕方が載っています。

　だから大丈夫です。最初は，**さまざまな制約を一切無視**して，できるだけ自由な発想で「自分が最も興味があるキーワード」を研究テーマに設定しましょう。やりたいこと，興味があることを，研究テーマにすれば，必ずクオリティの高い研究計画書を作るモチベーションにつながります。

鉄則③ 研究の実現可能性は，確保できる

　例えば「うつ病」について研究したいと思っても，本当にうつ病の人を対象に調査を行うなんて，大学院生にできるはずありません。だから「うつ病をテーマにするのはやめよう」は，まだ気が早い。そのような場合，「うつ病といえるほどではなく，学校や会社に来ることができるが，抑うつが高くて苦しんでいる人」を対象として調査・研究を行うことで，「うつ病」に関連する知見を見出すことが可能です。このように，**本来の研究目的と類似した概念を研究対象とする研究**のことを，**アナログ研究**といいます。研究対象者が調査に応じてくれる可能性が低い場合や，対象者そのものが少ない場合に，このアナログ研究が用いられます。以下にいくつか例をあげます。

虐待経験者	→	親から不条理な仕打ちをうけた経験がある人
強迫症	→	日常生活に強いこだわりを多くもつ人
不登校	→	学校に行きたくない気持ちを強くもったことがある人

　また「小学生時代の親子関係が，大人になってどのように影響するのか」研究するとしても，小学生時代から大人になるまで縦断的に追跡研究し続けることは大学院生にはできません。だから「小学生時代の親子関係をテーマにするのはやめよう」は，まだ気が早い。すでに成人している人々に対して，小学生時代の親子関係について想起してもらい，それが現在の性格特徴などのような影響を与えているか検討するならば，十分可能です。このように，**過去の出来事について回想してもらいながら調査を行う方法**を，**想起法**といいます。ただし，想起法については常に「その想起は適切か」という問題が立ちはだかるので，**想起法を用いた先行研究から，どのような方法ならば適切に被験者の過去の記憶を想起できるか，よく調べる**ことをお勧めします。

想起内容

こども時代のいじめ経験	が	成人以降の対人関係に及ぼす影響
中学時代の部活経験	が	成人以降のストレス耐性に及ぼす影響
高校卒業までの親の養育態度	が	大学生の進路選択に及ぼす影響

　このように**研究の実現可能性は，やり方次第で十分確保できる**のです。

鉄則④ 仮説は，一歩踏み込む

　例えば，ある研究計画書の仮説が「親の養育態度が，子どもの発達に影響を及ぼす」という内容だったとします。みなさんは，この仮説を見てどう思うでしょうか。私（宮川）に，このような仮説を「踏み込みの足りない仮説」と呼んでいます。つまり，仮説として適切ではないということです。

　なぜ適切ではないのでしょうか。一見，内容が明確なように思いますが，実は**「どんな親の養育態度が，子どもの発達の，どの側面に影響するのか？」が，まったく明確ではない**のです。叱る態度が子どもの反抗心を煽ることも，褒める態度が子どもの自尊心を育てることも，どちらも「親の養育態度が，子どもの発達に影響を及ぼす」ことです。もちろん，あらゆる養育態度を調べ，あらゆる子どもの発達を調べれば，この「踏み込みが足りない仮説」でも研究として実施可能かもしれませんが，それは現実的ではありません。ですから**「どのような養育態度に注目するのか」「子どもの発達のどの側面に注目するのか」一歩踏み込んで，より具体的に考える必要がある**のです。

　踏み込みが足りない原因の多くは，**研究内容の練りこみ不足**です。十分に練りこまれていないが故に，仮説の具体性が足りないのでしょう。しかし時に，十分に研究内容が練りこまれているにも関わらず「踏み込みの足りない仮説」になってしまう人もいます。研究計画書に限らず，具体的で踏み込んだ内容に対しては，周囲の反発が強くなりやすいものです。そのため，仮説を具体的にせず，あえてあいまいさを残すことで無難に済まそうとしてしまうのでしょう。しかしこれは，**完全に逆効果**です。十分に先行研究を調べ，その先行研究から論理的に導かれた仮説であるならば，遠慮する必要はありません。勇気をもってしっかり踏み込み，**具体的な仮説**を述べましょう。

BAD　本研究では，発達障害児に対する声がけが，自尊心に影響を与えるという仮説のもと，調査を行う。
　→どんな声がけ？　自尊心に与える影響にも正と負があるが，どちらか？
GOOD　本研究では，発達障害児に対する肯定的な声がけが，自尊心の向上に影響するという仮説のもと，調査を行う。
　→声がけの内容と自尊心に与える影響の方向性がともに明確になった。ただしこの文の前に，仮説の根拠が先行研究とともに述べられていることが前提。

鉄則⑤ 無難なら量的を。質的なら覚悟を。

　研究は，数量化する量的研究と，数量化しない質的研究に分かれますが，**研究計画書では量的研究を基本とすべき**です。なぜならば，数量化することで統計処理が可能になり，客観性が確保されやすいからです。例えば「日本人よりアメリカ人の方が，身長が高い」と言葉だけで表すと，個人の主観的な意見のように思われます。しかし多くの日本人とアメリカ人の身長を測り（数量化），測定された身長の平均値を比較する（統計処理）ことによって，客観性を確保することができます。心理学でも同様です。心理尺度を用いて心理特性を数量化し，統計処理による分析を行うことで，客観性を確保することが可能になるのです。

　ですが，量的研究が困難な場合があります。例えば研究したい心理特性を測定する心理尺度がない場合や，研究対象について十分な人数を確保できない場合があげられます。このような場合，質的研究が選択されることがあります。しかし，安易に質的研究に流れないでください。質的研究は，研究としての客観性を確保することが困難です。**面接試験でも，明らかに質的研究に対する風当たりは強くなります**。事実，質的研究で研究計画書を提出した受験生の多くが，この質問を受けるそうです。「この内容，量的研究ではできなかったの？」

　よって，無難に研究計画書を作成するのであれば，実施しやすく客観性を確保しやすい（そして，面接試験を突破しやすい），量的研究を行いましょう。**質的な要素を入れるのであれば，前提として量的研究を行ったうえで，一部の協力者にインタビューを行う方法がお勧め**です。インタビューで具体的なエピソードや心理状態を聞き取ることで，統計的な数値の解釈にも役立ちますし，個別の悩みや苦悩を聞き取ることで臨床的な意義が増す場合があります。また，こういった質的な要素を混ぜることにより，事例を好む臨床系の大学教員の受けが良くなる場合もあります。

BAD　大学生のうつ傾向を，面接によって調査する。
　→面接記録をどのように扱うのか？　面接でなければならないのか？
GOOD　大学生のうつ傾向について，SDS（うつ病自己評価尺度）を用いて測定する。
　→心理尺度を使って数量化することで，客観性が確保されやすくなる。

44

鉄則⑥ 方法を，1から自分で作らない

　突然ですが，みなさんは料理が得意でしょうか。料理が得意な人ならば，自分で料理に必要な具材を考え，自分で最適な調理手順・調理方法を考えることができるでしょう。しかし，料理が得意ではない人ならば，自分で考えて料理をしなさいといわれても，それはとても困ることでしょう。また，何とか料理を作ることができたとしても，味の保証はありません。ですから料理が得意でない人は，料理のプロが作ったレシピ本などを参考にしながら具材をそろえ，指示された調理手順・調理方法に従って料理を作るわけです。

　実は研究計画書の「方法」も，料理と同じです。研究を行ったことがない人が，どんな方法で研究を行えばよいのか，1から自分だけで方法を考えるのはとても困難ですし，考えられたとしても，その方法が適切である保証はありません。先行研究は，さながら料理のレシピ本のようなものです。つまり，**どんな心理尺度（具材）を使えばよいのか，どんな流れ（調理手順）で，どんな分析（調理方法）を行えばよいのか，先行研究を参考に組み立てていけば良い**のです。なお，さまざまな先行研究の方法を組み合わせるよりも，自分の研究テーマに最も近い先行研究や，最も参考にしている先行研究を1つ選び，その論文の研究方法を軸に，自分の研究内容に合わせて調整していく方が組み立てやすいことでしょう。

　方法に関して1点補足を。サイエンス社から「心理測定尺度集」というさまざまな心理尺度をまとめた本が全6巻で刊行されています。この本は，適切に使えば非常に有用な本なのですが，ろくに研究内容も決めないまま，心理測定尺度集だけを見て，安易に研究計画を組み立ててしまう人がいます。そういう人の研究計画は，「この尺度が使えそう」という理由で組み立てられているため「浅い研究計画書」であることが多いです。これは料理が苦手な人が，作る料理も決めないままスーパーに行き，とりあえず具材だけ買ってくることと同じです。まず，**どんな研究をするか（どんな料理を作るか）決め，その後，必要な心理尺度（具材）を集める**ようにしましょう。

BAD　大学生200名を対象に調査を行う。
　→なぜ200名にしたのか？　何となく数を決めたのではないか？
GOOD　石山（2010）を基に，大学生200名を対象に調査を行う。
　→自分で勝手に決めたのではなく，先行研究を参考にしたことがわかる。

鉄則⑦ 論文独特の「方言」を使う

　論文には独特の言い回しがあります。例えば，論文では**基本的に受動態**で文章を構成します。「○○と考える」ではなく「○○と考えられる」と表現するのです。このように**受動態を使うことで「個人の主観的な意見ではなく，誰が判断しても同じ意見になる」という意味をもたせる**ことになり，客観性の確保につながります（なお，すべて受動態でなければならないわけではありません。例えば「本研究では」を主語にした場合は，受動態でない方が自然になることでしょう）。

　以下に論文にふさわしくない表現と，それに対応した論文での言い回しを列挙しますので，ご自身の研究計画書にぜひ反映させてみてください。

論文調ではない表現の例	論文における言い回し
私は〜	本研究では〜
〜と考える。	〜と考えられる。
〜です。〜だろう。	〜である。〜であろう。
だから	したがって，つまり，よって
でも，だけど	しかし，だが，しかしながら
〜かもしれない。	〜の可能性が考えられる。
〜した方がいい。	〜する必要がある。〜すべきである。
1つめに〜，2つめに〜	第1に〜，第2に〜
（人物名）が言った	（人物名）が述べた
クライアント	クライエント
論文にふさわしくない表現	ふさわしくない表現の例
体言止め	Aこそ，本研究の問題。
敬語の使用	A先生がおっしゃるように〜
？，！，…などの記号の使用	Aといえるのだろうか…？！
指示代名詞の多用	あれがこのように，そうなっている。
論文でよく用いられる表現	
検証する，実証する，検討する，分析する，明らかにする，定義する，理論化された，示唆される，予測される，位置づけられる，解釈される	

松井（2010）「心理学論文の書き方」河出書房新社を基に作成

鉄則⑧ あいまいなことは，書かない

　この鉄則は，作成初期・中期と，作成終期で若干位置づけが異なります。
　まずは，作成初期・中期における位置づけを紹介しましょう。
「心理学におけるデータ収集法として，実験法などがあげられる」
　上記の文章を読んだ人が，どのような感想を抱くでしょうか。**注目点は『など』という表現**です。この表現により，「実験法以外には，どんな方法が？」「この人は，実験法以外知らないことをごまかしたのでは？」と考えられてしまいます。このように，「など」を使ったあいまいな表現は「説明しているようで，十分に説明しきれていない」「不十分な部分をごまかしている」という否定的な評価を受けます。**同様のあいまいな表現に「非常に～」「とても～」「かなり～」「～というような点」**といったものがあげられます。「非常に多い」といわれても，どれくらい多いのかわからないですよね。「～というような点」は，『ような』の部分にあいまいさがあります。「～という点」と置き換えれば大丈夫です。このように**研究計画書では，あいまいな表現を避け，より具体化することを心がけましょう。**
　では，作成終期における本鉄則の位置づけとは，何でしょうか。研究計画書作成は，願書提出期限という〆切が存在します。その〆切の時点で，練り込み不足だったり，先行研究を十分に調べきれなかったりと，あいまいにしか書けない内容が残ってしまったとします。その場合，どうすべきか。**「あいまいなことは，書かない」**が鉄則です。練り込めず，先行研究を十分に調べきれなかったならば，**中途半端にその内容を研究計画書に残すのではなく，その内容は思い切ってカットしましょう。**もし研究計画書の根幹に関わる部分で，どうしてもカットできないのであれば，最終手段です。あいまいな表現を必要最小限に抑え，面接試験時にそのあいまいさをフォローする回答ができるよう，願書提出後に万全の準備をする。これしかありません。とはいえ，これは本当に最終手段。可能な限りそうならないように，**しっかり作成初期から時間をかけて取り組みたい**ものです。

　BAD　　本研究では，中学生を中心に調査を行う。
　　→中学生以外も調査対象なのか？　中学生以外は，誰を調査するのか？
　GOOD　本研究では，中学生を調査対象とする。
　　→調査対象が明確になり，あいまいさが無くなった。

47

鉄則⑨ できるだけ多くの人の目を通す

「異和感」この字を見て，どう思いますか？　正しくは「違和感」なのですが，恥ずかしながら私は，講義内で受講生に指摘されるまで，ずっとこの字を書き続けていました。**厄介なことに，自分では正しいと信じ込んでいた**のです。誰かから指摘を受けない限り，私は正しい字に直すことができなかったことでしょう。

　研究計画書も同様です。自分では問題ないと思っていても，他者の目を通すことで，**自分では気づかない論理の飛躍，不成立の文章，誤字脱字**など，さまざまな発見が得られます。よって研究計画書は，できるだけ多くの人の目を通すべきです。研究計画書を指導して頂ける先生がいるならば，積極的に足を運ぶべきですし，ともに大学院を目指す仲間がいれば，仲間同士で研究計画書を交換して読み合い，意見交換するとよいでしょう。ただし，意見交換の時に**「でも…！」と反論しない**こと。他者に読んでもらう目的は，自分にない視点を提供してもらうためです。しかし，読んでもらった他者の意見に対し反論すると，他者の視点を否定し，自分の視点を押し通すだけになってしまいます。これでは，意味がありません。まずは，他者の意見をしっかり受け止めましょう。これにより，独りよがりの研究計画書から脱却できます。

　また，志望する大学院の教授に研究計画書を見て頂くことは，何よりも有益なアドバイスを頂けるチャンスです。**研究室訪問が実現した時はもちろんのこと，大学院説明会やオープンスクールに参加する時は，ぜひ研究計画書を持参しましょう**。ただし，大学教授の立場で考えると，入学するかどうかもわからない受験生の研究計画書を，1からじっくり読むほど暇ではないでしょうから，研究内容を簡潔にA4用紙1枚程度でまとめたダイジェスト版のようなものを別で用意しておくと，話がスムーズに進んでよいと思われます。図で表したものを用意するのもいいですね。
　なお，入試の公平性の観点から，研究室訪問や事前の研究計画書添削など，受験生に対する個別対応を断る大学院や教授もいますので，くれぐれも失礼のないように気をつけてください。

鉄則⑩ 研究計画書で,「自分自身」と向き合う

　研究計画書の作成は,自分の内にある"漠然とした何か"と向き合い,ゆっくり,じっくりと形にしていく過程と言い換えることができます。

　　自分は,何に興味をもっているのか？
　　自分は,何を考えているのか？
　　自分は,どんな心理専門職を目指そうとしているのか？

　自分の内にある"漠然とした何か"を形にしていく過程で,自分のあいまいな考えが整理されたり,自分の気づかなかった新たな側面を発見したりすることがあるでしょう。また,何となく「心理専門職になりたい」と思っていた人も,研究計画書の作成を通じて,「どんな対象に,どんなアプローチを行う心理専門職になりたいか」目指す方向性が明らかになることもあるでしょう。逆に考えれば,研究計画書を作れない人や,研究テーマが決まらない人は,漠然と「心理専門職になりたい」と考えていても「どんな心理専門職になりたいか」まで,まだ踏み込んで考えられていないのかもしれません。

　p.5 で「研究計画書は履歴書である」と述べているように,**研究計画書は,ただ研究の計画が書かれているだけでなく,あなた自身の興味・関心,熱意,目指す心理専門職の姿が反映された,「あなた自身」を表す書類なのです。**

　ある受験生の話です。入試当日が近づいてきて不安になった時,その受験生は,自分の書いた研究計画書を読んだそうです。「ああ,自分はこういうことがやりたいから,心理専門職を目指したんだ。」自分を見失いそうになった時に,**自分の研究計画書を読むことで,自分の目指す道を再確認し,自分を奮い立たせた**そうです。とても素敵なことだと思います。

　研究計画書の作成は,決して楽ではありません。しかし,心理専門職を目指して大学院に入る前に「自分は何に興味をもっている？」「自分は,何を考えている？」「自分は,どんな心理専門職を目指そうとしている？」と**自問自答し,自分と向き合うことは,必ずやみなさんの心理専門職としての将来にプラスに働く**ことでしょう。

第2部

研究計画書データベース

　第2部は，本書の目玉ともいえる，研究計画書データベースです。まず第1章で，研究分野別タイトルリストを用意しました。どのような研究テーマを扱ったらいいのか悩む人には，大いに参考になるでしょう。そして第2章で，過去のKALS卒業生が提供して下さった研究計画書を18サンプルご紹介しています。サンプルについては，不完全な文章や内容も，あえてそのまま提示しています。ぜひ「生の」研究計画書を見ることで，研究計画書の具体的なイメージをつかんで頂きたいと思います。

第1章 研究分野別タイトルリスト

　第1章では，合格者の研究計画書タイトルを分野別に並べます。ただし，臨床心理学には，研究分野として決められた分類があるわけではありません。今回は，心理専門職の職業領域で分類しました。タイトルによっては2つ以上の分野に当てはまる場合や分類がしづらいものもありますが，便宜的に分類してあります。

① 教育分野
② 医療・保健分野
③ 福祉分野
④ 司法・矯正分野
⑤ 産業・労働分野

① 教育分野

- 軽度発達障害のある子どもを担任する教師の彼らを受け入れる心理変化プロセス
- 手話学習が学習者の共感性に与える影響について
- 中学期から高校期にかけての教師との信頼関係回復について ―学年推移に伴う児童生徒と教師の信頼関係の変化を通して―
- 過去の進学競争心がスチューデント・アパシーに及ぼす影響についての研究 ―アイデンティティ発達との関連から―
- 学生相談機関に対する援助要請と性格特性との関連について ―相談媒体に対する認知的側面から―
- 学生の精神的健康における心理的援助に詩歌療法を用いることの効果研究
- 通級児童の学校適応における小学校教員の児童理解と葛藤の過程 ―援助者としての教員の取り組みと苦悩―
- 若年層の教師の被援助志向性及び対人魅力からみる援助者の客観的特徴について
- 学習の楽しさの捉え方が学習動機に及ぼす影響
- 中学生に対して行う絵本の読み聞かせの効果の検討
- 中学生の自尊感情，自己開示，友人関係満足感，登校回避感情に関する因果モデルの検討
- 学生相談機関への被援助志向性と被援助行動について
- 学習意欲の帰属の方向性が小学生の受験ストレス，自己調整学習，自己効力感，に与える影響
- 中学校教師の同僚関係のあり方について ―「同僚性」に着目して―
- 在日ブラジル人児童の孤独感類型と不登校傾向の関連
- 教員における児童虐待の防止・早期発見に関する援助方略についての研究
- 内的作業モデルと親和動機及び学校適応の関連について
- 他者への信頼感が不登校児童に与える発達促進効果について ―予防的・介入的援助的モデルの構築の試み―
- 両親の関係が不安定である高校生の登校を巡る意識と欠席願望の抑制について
- いじめを受けた事による対処方法とその後の人生における影響について
- 教師とSCの協働のための尺度作成 ―学校組織特性の視点からの検討―
- 現代青年の友人関係における特徴とその背景に関する探索的研究 ―反構造化面接を用いたインタビューを通じて―
- 不登校経験者の被援助志向性に関する研究

- 中学生におけるソーシャルサポートと不登校傾向との関連
- 小学校高学年における居場所感と適応感
- 学校不適応に対する家庭内コミュニケーションの影響について ―中学生の時期を対象として―
- 適応指導教室とフリースクールにおける子どもへの心理的支援の相違点について ―フィールドワークとインタビューを通して―
- 特別活動が環境移行期の中学生の心の居場所感に与える影響
- 発達障害児に対する健常児の態度と学級風土との関連の検討
- 中学校における集団社会的スキル訓練の実施効果の検討
- 対人関係の円滑化が協同学習場面へ及ぼす影響 ―集団適応に困難を抱える生徒に着目して―
- 帰国後のアイデンティティ形成と帰国後適応に対しソーシャルメディアが及ぼす影響
- インターナショナルスクールの生徒たちの相互理解 ―「型」を共有することによる表現への影響の検討―
- 中学生における学年全体を対象とした心理教育プログラムの実践的研究

② 医療・保健分野

- 青年期の自己愛と攻撃性の関係性とテレビゲーム
- 青年の社会的スキル・自己イメージの受容度と引きこもりとの関連
- 青年期の無気力とアサーションの関連について
- 大学生の家族関係と抑うつ傾向との関連
- 大学生におけるソーシャルサポートの供給者に対する感情の規定因の検討 ―内的作業モデルと互恵性の観点から―
- 青年期の希死念慮と原因帰属スタイルの関係について
- 青年の自己受容が自己開示に及ぼす影響と，他者からの受容との関連
- うつ病患者における風景構成法の検討 ―風景の中の自己像の観点から―
- がん患者家族のストレス感と知覚されたサポートとの関連についての研究 ―ストレス間の緩和要因としてのソーシャルサポートの効果―
- 睡眠不足から生じる日中の眠気がもたらす，心身の健康状態への影響
- 死に対する態度と主観的幸福感および被受容感との関係
- インターネット依存症に対するソーシャルサポートの効果 ―介入プログラムの開発とその効果研究―
- 青年期における過敏型自己愛と死生観，所属感との関連
- デイリーハッスル型ストレスに対するSRG（ストレス関連成長）の検討

- 愛着損傷の心的要因に関する研究　—愛着と情動制御の関連から—
- 大学生の喪失体験と精神的回復力　—自己形成に関連して—
- フィンガーペインティンググループによる自己受容感と精神科臨床における適応
- 対人恐怖と自己愛の病理にある差異
- 青年期の過度なオンラインゲーム利用と引きこもりにつながる心理特性との関連
- 父娘関係と摂食障害傾向の関連　—過食に焦点をあてて—
- 大学生の恋愛経験に対するプレッシャーが自己と対人関係に及ぼす影響
- 対人援助ボランティアのストレスを探る　—信頼を築く関係づくりのために—
- 摂食障害発症に関する青年期男女の差異
- 大学生の友人関係のとり方と漠然とした不安の感じやすさとの関連
- 青年の抑うつ経験が自己効力感に及ぼす影響
- 女子大学生の職業選択における精神的健康　—生物心理社会モデルからの検討—
- 文章推敲内容の分析によるアセスメントの試み
- ユーモアが孤独感に及ぼす影響について
- 青年期の自己愛的傾向と携帯電話の関わり
- 友人との付き合い方が自我同一性に及ぼす影響
- 青年期のソーシャルサポートに対する期待はずれとその影響について　—外傷体験との関連性から—
- 妄想様観念の苦痛度に対するネガティブな信念と制御困難性の検討
- オタクにおける特定コンテンツへの依存と自己認知に関する研究
- 自己開示と自己受容が心理的適応に及ぼす影響　—隠蔽傾向における心理葛藤への対処の検討—
- 親密な対人関係の崩壊過程における心理的ストレスに関する研究
- 引きこもり傾向をもつ大学生のコミュニケーションに対する介入の効果　—非言語的コミュニケーションに焦点を当てて—
- 大学生における対人的自己効力感，自己愛が自己開示にもたらす影響
- 食行動傾向に影響を及ぼす要因の検討　—情動制御能力との関連から—
- 青年期における友人への同調性・心理的距離と関係消極性の研究
- 慢性腎不全患者の持つ不安と家族機能との関連　—透析患者への関わり—
- 女子大学生が日常的に抱えるストレスと余暇活動選択の関連性
- 死別経験後の再適応における促進要因と阻害要因の検討
- 青年期におけるやせ願望傾向　—社会的評価の認知とボディ・イメージの

② 医療・保健分野

観点から─
- 箱庭制作における物語作成と自尊感情の変容
- 新旧の同性友人からのサポートが大学新入生の精神的健康に及ぼす影響
- 大学生における回避性人格傾向と親の養育態度・社会的スキルの関連
- 青年期における攻撃性と孤独感の関係
- 摂食障害傾向者における知覚学習によるボディイメージの修正と認知の変容との関連
- 青年期の不適応とソーシャルスキルとの関連 ─依存性の観点から─
- 大学生における妬みと対人不安，対人行動の関連
- 大学生の痩身願望における男女の意識の違いについて
- 大学生における対人ストレス低減の要因について ─対人的自己効力感と対人ストレスコーピングからの検討─
- コミュニティにおける摂食障害傾向とその関連因子
- 大学生における自己愛傾向と悩み相談行動との関連の検討
- 青年期における自己愛傾向が被援助志向性に及ぼす影響について ─賞賛獲得欲求と拒否回避欲求に注目して─
- 自己開示の促進にかかわる周囲の援助
- 自己愛における傷つきやすさ因子と対人不安との関連について
- 大学生における主観的幸福感の相対評価に関する研究
- 自己愛とソーシャル・ネットワーキング・サービスの関連について
- セルフ・モニタリング尺度を用いた「対人不安」への素因ストレスモデル適用の試み
- 趣味仲間との交流にともなう社会的疎外感，対人不安との関係
- 型を用いた日本の伝統的な身体技法と主体感覚の有用性の検討
- 日常的な出来事が精神的健康に与える影響 ─パーソナリティによる認知症評価の違いに着目して─
- 対人関係調整能力と精神的健康 ─日常生活に存在する適応障害の要因─
- 大学生に対する自律訓練法の適用および効果的な普及方法に関する検討
- 正常眼圧緑内障患者のうつ傾向と弛緩療法による改善効果について
- 拒食症傾向のある女子大学生の身体イメージに恋人関係が及ぼす影響
- 自己愛傾向とインターネットにおける対人依存の関係性について
- 食行動と食事スタイルとストレスとの関係性
- 青年期における友人関係と自己開示と孤独感の関係
- SNSアクセスが自己愛感情を高める要因の検討
- 認知の歪みへの対処行動の効果における促進要因の検討と重要他者の影響
- バウムテストにおける色彩がストレス軽減に及ぼす影響

- アトピー性皮膚炎患者に対するコラージュ制作による感情表出効果
- バウムテストに見られる統合失調症の回復過程と家族の関わりについて
- 子どもの行動の変化が母親の養育態度と主観的幸福感に及ぼす影響について
- 大学生における回想とアタッチメントスタイルおよび心理的適応の関連
- 被受容感が精神的健康に及ぼす影響 ―コミュニケーションスキルが低い人に着目して―
- 失敗することへ不安を持つ者の主観的幸福感が回避行動に及ぼす影響
- 抑うつ的反すうに関する研究 ―ソーシャルサポートに注目して―
- 長期入院治療経験者の心理社会的適応と対人関係 ―小児がん経験者を対象として―
- 人間関係における関係性攻撃に参加する傾向の検討
- メタ認知的気づきと社会不安障害傾向の関連
- 青年期における関係性攻撃の発生と正義感,集団志向傾向,共感性との関連
- 青年が親子関係に対して抱く不合理な信念と心理的自立
- 大学生の愛着スタイル別によるストレスコーピングと精神的健康の検討

③ 福祉分野

- 露唇口蓋裂児を持つ母親の受容過程 ―受容群と低受容群の母親の語りの比較から―
- 親と子供の家庭ストレスの認識と親子関係
- ロールシャッハ法における青年の父親・母親・自己イメージ・カード ―イメージ・カード選択理由の分類から―
- 児童養護施設における心理職の役割 ―学習指導を通して―
- 障害児を持つ家庭におけるきょうだいの適応とその要因について
- 移行対象の心理社会的規定因の検討：父親の協力的関わりと母親の育児ストレスから
- 粘土遊びの効果とLD児やDCD児に対する粘土遊びの適用の可能性を探る
- 性差観の違いが男女の理想の女性像に与える影響
- 高機能発達障害児への援助 ―現実的自己認知―
- 虐待的傾向のある養育態度の世代間伝達とそのメカニズムの検討
- 高齢者の回想類型と時間的展望との関連
- 『心の理論』と実行機能の下位機能との関連 ―自閉症児と健常児の比

較—
- 育児ストレスと母親のアイデンティティ確立の関連について
- 幼児のレジリエンスと両親の養育態度との関連
- 発達障害児をもつ母親と療育態度とうつ・不安状態
- 大学生の親準備性と親イメージとの関連について —意識無意識的側面からの検討—
- DV 被害者に対して恋愛関係外部のサポートや社会的サポートが与える影響について
- 愛着スタイルの変容可能性 —愛着スタイルの変容要因としての配偶者との関係性の問題—
- 幼少期の母子関係が児童虐待認知へ及ぼす影響
- 子供から見た家族機能と夫婦の対等性
- 内向性と QOL（生活の質）との関係について —場面緘黙理解の一助として—
- インタビュー法を用いた健常児と広汎性発達障害児における自己の感情理解の比較 —多面的感情の理解を中心に—
- 児童期・思春期におけるコーピングの使用がストレス反応に及ぼす影響について
- 自死遺族の悲嘆に関する研究
- 両親の夫婦関係が女子青年の恋愛行動に及ぼす影響
- 広汎性発達障害をもつこどもに向社会的行動を生起させる要件
- 障害児を育てる親における障害受容とソーシャルサポートとの関連
- 高機能広汎性発達障害青年における「働くこと」についての意識 —職業に関する文化的価値態度に注目して—
- 発達障害を持つ子どもの母親によるソーシャルサポートの可能性 —子どもの宿題に関する母親への意識調査を通して—
- 住宅型老人ホームの自由時間における認知症高齢者の日常会話と環境要因との関連
- 乳幼児を持つ父親自身の発達と生活満足感との関連
- 育児不安と心理的サポート —子育て支援ネットワークの実態調査—
- 幼児養育中の親における日常的出来事と健康状態の関連
- 母親の家庭での関わりと世代間伝達について —父親との関係を通して—
- 女性高齢者における配偶者との死別経験と死生観の変化
- 慢性疾患患児または障害児を同胞にもつきょうだいの性格特性 —過剰適応・対人不安を中心に—
- パートナーに対するネガティブ情動への評価と関係性の認知が情動表出に

及ぼす影響について
- 育児不安と愛着スタイルの関連　―母親を中心に―
- 退院先の代理意思決定を行う認知症患者家族の特性と傾向について
- 発達障害に対するイメージ　―過去の接触経験を振り返って―
- きょうだい間の親の養育態度の差異　―子どもの認知から―
- 大学生の自閉症スペクトラムと援助要請スキルとの関連
- 特別支援学級での支援を通してかかわり手のコミュニケーション能力の影響の研究
- 自身が広汎性発達障害である母親と，摂食障害を伴う広汎性発達障害児の情緒的相互作用の検討
- 中学生のやる気と親の養育態度との関連　―自己効力感と自己肯定感から―
- 高機能広汎性発達障害のある若者の就業における本人および親の困難感の検討
- 乳幼児期の子どもをもつ親の育児不安を軽減するための具体的方略の検討
- 家庭との時間が作れない父親の母親とのコミュニケーションによる育児不安との関連
- 専門家との関わりの質が軽度発達障害を育てる母親の感情に及ぼす影響の検討　―支援の現実と期待間のギャップに着目して―
- 思春期の子どもをもつ母親における抑うつのリスク要因
- 児童養護施設職員と施設心理士による連携の検討　―生活場面における取り組みから―
- 共働き夫婦における父親の育児行動が母親の育児満足度に与える影響と男女間における理想とする育児像の差異について　―育児行動における内容に注目して―
- 原子力災害後の対処方略および心理傾向の特徴の一考察
- 母親の育児における否定的感情の原因帰属が養育態度に与える影響　―9, 10歳の子どもを持つ母親を対象として―
- 父親の養育態度が青年期男子の攻撃性に与える影響　―自己愛，自尊感情を仲介に―
- 子どもの攻撃性における内的作業モデルと共感性の検討
- 絵本の読み聞かせにおける母親の意識
- 保育現場で保育者が認識している巡回相談の課題の検討
- 感情の言語化困難と自閉症スペクトラム傾向の関連
- 乳幼児のいる家庭における父親の協力的関わりと家族機能との関連
- 2～7歳の子どもが受診理由・医療行為に対して理解できる年齢に応じた

説明の検討
- 親が褒めることが子どもの自尊感情に及ぼす影響 ―長期スポーツ経験を通して―
- 夫婦間におけるしつけ観の違いが母親役割・妻役割達成感に及ぼす影響
- 認知カウンセリングを用いた学習障害児への学習支援のあり方
- 発達障害児の親子間に形成されるコミュニケーションと育児ストレスとの関係について
- 父親の養育態度が子の無力感に及ぼす影響
- 軽度発達障害児における物語作成と自尊感情の変容 ―箱庭制作を通して―
- 保護者の感じる育てにくさが子どもの学校適応に及ぼす影響 ―肯定的認証を通じた自己肯定感の脅威を巡って―
- 施設職員の関わり方による子どもの変化への影響 ―精神疾患をもつ親とその子への支援
- 同胞葛藤プロセスとそれを促進する親の養育態度に関する研究

④ 司法・矯正分野

- 非行に対する意識に及ぼす罪悪感意識と自己実現的態度との影響
- 犯罪不安状況における統制感とストレスコーピング
- 家庭環境への充足感の不全が青年期における自己否定感情および非行傾向を生起させるプロセスに関する検討

⑤ 産業・労働分野

- 職業ストレスと抑うつ傾向，およびストレスコーピングについて
- 職場の指導者的立場の者への質問行動が抑うつ者に及ぼす影響
- 警察組織におけるメンタルヘルス・ケアシステムの充実化のための一考察 ―3部制勤務に従事する地域警察官におけるこころの健康維持について―
- 死に対する態度とニーモア及びバーンアウトとの関係性 ―ターミナルケアに従事する看護師を対象に―
- 職業のストレスとソーシャルサポート
- 被害者支援相談員が受ける二次的外傷性ストレスについて ―支援者としての成長の観点から―
- 新入社員のリアリティ・ショックと職場ソーシャルサポート
- 回復性を規定するレジリエンスの検討 ―新入社員の入社期に着目して―

- 情動焦点型ストレスコーピングに影響を及ぼす要因の検討 ―職場における気晴らし行動に注目して―
- ワーキングマザーの職場における対人ストレスの研究 ―子供の有無との関連について―
- 職場におけるハーディネスと精神的健康維持との関連性及びハーディネス促進要因の検討
- 保育現場における新任保育士のストレス改善支援についての一考察
- 職場におけるアサーティブ行動の研究 ―上下関係と組織風土の影響―
- 存在受容感と適応傾向が対人摩耗に及ぼす影響
- 上司のPM型が対人不安者の垂直的交換関係に及ぼす影響
- 自主管理組織における生産性と抑うつ傾向の関連性
- 就職不安の規定要因としての時間的展望に関する研究
- 休業者における企業への帰属意識とソーシャルサポート認知・精神的健康度との関係の検討
- 保育士・幼稚園教諭の保育困難感が職務に対する精神状態に及ぼす影響 ―保育に対する取り組みを媒介変数として―
- 職業選択過程における自己概念の明確化について ―自己効力とフォーカシング的態度，自己開示の関連から―
- 中年期における「ゆるし傾向」と「生殖性」の獲得が職場の対人関係に及ぼす影響 ―部下との関係から―
- 企業で働く身体障害者の職業性ストレス要因分析 ―個人の特性と職場環境とのトランスアクショナルによるストレス軽減効果の検証―
- 就業者における職場での被援助志向性と職場風土の関連についての検討
- 看護師長が提供する職務満足・離職予防に効果的な人的資源管理と職場環境管理指標の検討 ―看護師の視点よる職場管理指標「Nursing Manager Index」の開発―
- 中高年労働者における問題解決志向とレジリエンスとの関係性の検討
- パワーハラスメント傾向と自己愛，怒りの抑制，ストレスとの関係性の研究
- 営業職向け職場ストレッサー尺度の開発と若手営業職の職場ストレッサー・コーピング方略の特徴の検討
- 中高年労働者における自己受容度とレジリエンスとの関係性の検討

第2章

研究計画書
サンプル&コメント18

　第2章では，合格者の研究計画書を紹介したいと思います。研究計画書を読む時には，第1部第2章の「研究計画書作成のプロセス」の中の「研究計画書の形式」や「研究計画書を作成する際のポイントおよび留意点」などを意識しながら読んでみてください。同じ書式でない場合でも，それぞれの内容が，どのように盛り込まれているかを確認してみましょう。また，中には大学で特定の書式を指定している場合もあります。

　研究計画書にはそれぞれコメントが書かれています。コメントは，内容の解説やポイントのほかに，面接試験を想定した質問や確認事項もあります。研究計画書の文字数は限られているため，確認しなければわからない箇所がどうしても出てしまいます。面接試験ではそういった点を質問されることがありますので，そこも確認しながら読んでください。

研究計画書サンプル >>> 01

大学生における回避性人格傾向と親の養育態度・社会的スキルの関連

❶現在，若年層を中心に「社会的ひきこもり」に代表されるような，対人コミュニケーションに問題を抱える人々が増加している。その背景には少子化，核家族化，都市化などによる人間関係の希薄化など様々な要因が考えられる。❷個人のパーソナリティに焦点を当てた場合，その一因として考えられるのが回避性人格障害である。回避性人格障害は，人とうまく付き合いたいと思いながらも，恥の感覚が非常に強く，失敗や批判や拒絶されることを恐れて対人場面などから撤退してしまうことを特徴とする。

❸回避性人格障害に関連して下坂(2009)は，「回避性人格傾向」という概念を提唱している。回避性人格傾向とは，回避性人格障害と連続性を持つ，より一般的な人格特徴である。

❹ Millon(1969)は，回避性人格障害について，回避的な人々は，幼少期の親子関係における親の否定的なかかわりや虐待に近い養育

研究計画書へのコメント

❶ 問題の背景

問題提起とその背景を述べています。これはどこに書かれていた見解なのかを明示しておいた方がよいでしょう。

❷ 語句の定義

『対人コミュニケーションに問題を抱える人々』について，『回避性人格障害』をその一因としてあげ，定義を書いています。定義があることで，回避性人格障害には対人関係の問題があることがわかります。

❸ 概念の提示

回避性人格傾向の概念をあげています。回避性人格障害をテーマとした場合，調査対象が見つけられるのかという問題があります。回避性人格障害の人を探すのがかなり困難であるうえに，仮にいたとしても研究に協力してもらえるかというと，かなり難しいと思います。一方，回避

の影響から，子どもは成人後に否定的な自己概念を持つことしかできず，対人関係で回避的な行動を身につけてしまうと主張している。特に注目すべき点は，一見，回避的な人々は周囲の人からは対人関係に無関心に見えるが，実際には潜在的なリスクを常に恐れている「過剰な警戒態勢」を敷いているという点にあるとしている。連続した概念である回避性人格傾向もこれと同様の特徴を持っており，日常の様々な場面において困難を感じていると考えられる。また，回避傾向が強い人は潜在的に，不登校やひきこもり，対人恐怖などの問題が発生するリスクが高いとされている（下坂，2009）。こうした問題は予防が重要であるとともに，臨床心理学的援助が必要となる場合もあると考えられている。

❺一方，回避性人格傾向は特に対人関係において困難を示すとされているが，対人関係という側面に焦点を当てると，対人関係を円滑に処理する能力である社会的スキルの影響が考えられる。相川（1996）によれば，社会的スキルとは「個人と個人の，あるいは個人と集団との相互作用や関係に関連した，適切性と効果性のある技能」とされている。この社会的スキルの獲得の有無は良好な対人関係を

性人格傾向は，『回避性人格障害と連続性を持つ，より一般的な人格特徴である』と定義されています。つまり一般の中にこの傾向を持つ人が存在しているということです。また，『回避性人格障害と連続性を持つ』ということは，回避性人格傾向の研究に対して，回避性人格障害の知見や先行研究を利用できるということを意味しています。『回避性人格傾向』をテーマとすることで，研究の実現可能性が出てくるのです。

❹ 先行研究のレビュー

回避性人格障害，および回避性人格傾向の先行研究のレビューです。回避性人格障害の特徴をあげ，『回避性人格傾向も同様の特徴を持っていること』そして，『回避傾向が強い人は潜在的に，不登校やひきこもり，対人恐怖などの問題が発生するリスクが高い』ことを述べています。「潜在的」「リスク」というところで，今は表面化していなくても，将来，問題を発生する可能性が高いという

形成するにあたって重要な概念である。社会的スキルは単一では無く，様々な側面や次元を持つものと考えられる（Riggio, 1986）。その中でも特に対人関係を形成・維持する際に重要な社会的スキルとして，関係開始，関係維持，自己主張が挙げられている（水野, 2006）。これらの対人関係の社会的スキルは回避性人格傾向とも関連していることが予測される。回避性人格傾向は対人関係で回避的な行動を身につけていることが示されているが，これは適切な社会的スキルを獲得できていないことによって対人関係において困難を示しているのではないかと考えられるためである。したがって，本研究では，関係開始，関係維持，自己主張の社会的スキルを対象とする。

❻ また，社会的スキルの発達，獲得には親の養育態度の影響が大きいとされている（大鷹・菅原・熊谷, 2009）。特に母親の拒否的な養育態度は，子どもの社会的スキルの獲得を低くすることが示されている（戸ヶ崎ら, 1997）。回避性人格傾向と社会的スキルはともに，親の養育態度が影響するという点が共通しているが，これらの関係を調べた研究は未だほとんど見られない。

❼ そこで，本研究では対人関係における社会的スキルと親の養育

ことを示しています。このような根拠をあげてから，予防の重要性と臨床心理的援助の必要性を述べることで，この研究の臨床的意義が示されています。

❺ 語句の説明

❹の中で，回避性人格傾向の人が対人関係で困難を示すことが示されていることから，対人関係に焦点を当て，対人関係を円滑に処理する能力である「社会的スキル」の影響をあげています。社会的スキルの定義を述べ，その中でも，特に，『対人関係を形成・維持する際に重要な社会的スキルとして，関係開始，関係維持，自己主張』を対象として，回避性人格傾向への影響を仮説として考えています。

❻ 先行研究のレビュー

先行研究から，社会的スキルの獲得への親の養育態度の影響をあげています。また，❹で述べられているMillon（1969）の先行研究では回避性人格傾向に対する親の養育態度の

態度が回避性人格傾向にどのような影響を与えているのか，またどのように関連しているのかを検討する。それによって，回避性人格傾向に対する援助に一助を与えることができると考える。

方法 ❽

回避性人格障害は青年期および成人期に顕在化するとされる（American Psychiatric Association, 2000）。そのため連続した概念である「回避性人格傾向」を適用するには，青年期以降の比較的人格が安定してくる発達段階を対象とすべきであり，本研究では大学生を対象とする。回避性人格傾向を測定するために坂下（2009）の「回避性人格傾向尺度」，親の養育態度を測定するために，宮下（1991）の［母親・父親の養育態度を測定する質問紙］，社会的スキルを測定するために和田（1991）の「ソーシャルスキル尺度」を用いる。

（1696字）

影響が示されています。これらのことから，回避性人格傾向も社会的スキルもともに親の養育態度が影響しているということを示しています。

❼ 研究の目的

❺と❻で示されている知見から，研究の目的を述べています。回避性人格傾向と社会的スキルがともに親の養育態度が影響するという点と，❺で示されている社会的スキルが回避性人格傾向へ影響を与えているという見解から，対人関係における社会的スキルと親の養育態度が回避性人格傾向にどのような影響を与えているのかを検討することを研究の目的としています。

3つの概念が影響があるということを，それぞれ先行研究から示している点は適切ですが，3つの概念がやや混在しているので，それぞれの影響の与え方を仮説として検討してあると，より良い研究計画書になったでしょう。その際，どのような親の態度かを明確にしておくとさらによかったでしょう。

参考・引用文献

相川充　1996　社会的スキルという概念，相川充・津村俊充編，社会的スキルと対人関係．誠心書房，5．

大鷹円美・菅原正和・熊谷賢　2009　母子関係と子どものソーシャルスキル発達の阻害要因　岩手教育大学附属教育実践総合センター研究紀要　第8号　119-129, 2009

下坂剛　2009　大学生における回避性人格傾向の研究―尺度作成と信頼性および妥当性の検討　カウンセリング研究　Vol.42 No.2 2009, 109-117

戸ヶ崎素子・坂野雄二　1997　母親の養育態度が小学生の社会的スキルと学校適応に及ぼす影響　教育心理学研究　45, 173-182

Millon, T. 1969 Modern psychopathology: A biosocial approach to maladaptive learning and functioning Philadelphia: W. B. Saunders Company.

水野邦夫　2006　どの社会的スキルが良好な対人関係の形成・維持に関連するか　聖泉論叢　14, 53-59

宮下一博　1991　青年におけるナルシズム傾向と親の養育態度・家庭の雰囲気との関係　教育心理学研究　第39巻　第4号

Riggio, R. E. 1986 Assessment of basic social skills. Journal of Personality and Psychology, 51, 649-660

和田実　1991　対人有能性に関する研究―ノンバーバルスキル尺度およびソーシャルスキル尺度の作成―　実験社会心理学研究　31, 49-59

❽ 方法

『回避性人格障害は青年期および成人期に顕在化するとされる』ことが示されているため，『連続した概念である「回避性人格傾向」を適用するには，青年期以降の比較的人格が安定してくる発達段階を対象とすべきであり，本研究では大学生を対象とする』と述べ，対象者を大学生にしています。大学生は研究データを集めやすいために実現可能性が確保できますが，だからといって対象者を大学生にするというのでは，研究計画としては不十分です。このように，大学生を対象とすることの意味を明示することによって，研究の対象者が大学生であることの妥当性が出てくるのです。

続いて，使用する尺度が書かれていますが，その尺度を用いて測定することで何を知ることができるのか，何が得られるのかを明確にしておくといいでしょう。

研究計画書サンプル01

　この研究計画書は，対人コミュニケーションを問題提起として，対人コミュニケーションの問題の一因として回避性人格障害をあげています。さらに，回避性人格障害と連続性をもつ，より一般的な人格特徴として回避性人格傾向をあげ，対人コミュニケーションの問題との関連をみています。そして，回避性人格傾向の人が，対人関係において潜在的なリスクを抱えていることから，予防の重要性と臨床心理的援助の必要性を提言し，この研究の臨床的意義を示しています。

　そして，回避性人格傾向への社会的スキルの影響を述べ，続いて親の養育態度が社会的スキルの獲得に影響を与えることを述べています。また，社会的スキルが回避性人格傾向へ影響を与えているという見解から，対人関係における社会的スキルと親の養育態度が回避性人格傾向にどのような影響を与えているのかを検討することで，回避性人格傾向に対する援助に一助を与えることを目的とする展開になっています。

　この研究計画書では「回避性人格障害」「回避性人格傾向」「社会的スキル」などの定義が書かれていることがポイントの1つです。定義を明確にすることで，焦点がぼやけたり，ズレたりすることを避けることができます。自分が明らかにしたいものがどのようなもので，どのように測定するのかが明確になるのです。研究計画書の中には，自分が明らかにしたいものと，検討する概念や内容がズレているものもみられます。定義を明確にすることで，それを避けることができるのです。

「回避性人格障害」「回避性人格傾向」「社会的スキル」「親の養育態度」と順序立てて説明しているため，書かれている内容が，より整理されています。また，すべて先行研究をもとにして根拠を示している点も適切です。

　対人関係における社会的スキルと親の養育態度が回避性人格傾向にどのよ

うな影響を与えているのかを検討することを研究の目的としていますが，どのような親の態度かを明確にしたうえで，それぞれの影響の与え方を仮説として説明できるようにしておくことが大切です。また，予防の重要性と臨床心理的援助の必要性を提言して，この研究の臨床的意義を示していますが，具体的にはどのような援助が考えられるかも検討しておくといいでしょう。

　この研究計画書の大きなポイントが研究の実現可能性です。回避性人格障害と連続性のある回避性人格傾向に焦点を当てたことで，一般の人を対象にして，その特徴がある人を検討することができます。回避性人格障害と連続性があるということを示しているため，回避性人格障害の知見を利用することができます。これは，先行研究の少ない回避性人格傾向を検討するにあたって有効です。さらに，対象者を大学生にするための根拠が明示されているところも適切です。研究計画書では研究の実現可能性が非常に重視されます。その点を考慮しているところが，この研究計画書の評価のポイントの1つになっています。

研究計画書サンプル >>> 02

教師とSCの協働のための尺度作成
～学校組織特性の視点からの検討～

現状

❶ 1995年からスクールカウンセラー（以下SC）の配属が始まり，その効果は評価され，必要視されている。しかしその実態は，SC自身の力量によるところが大きく，学校で起きる問題への具体的な介入方法は国の制度として十分に成り立っていない（伊藤，2009）。❷ 日本のSCは非常勤で時間的制約があるため，生徒一人一人のメンタルヘルスに関わりながら，教師や保護者，他機関，地域との連携・協力・情報交換を行うのは困難であろう（鵜養，2000）。そのため，問題が生じた後の治療的な介入方法からコミュニティ・アプローチによる1次的予防活動を取り入れた支援に切り替えていくことが期待される（井上，2007）。❸ そこで予防活動の一つとして考えられるのが教師とSCのコレボレーション，協働である。協働は教師のメンタルヘルスの視点から考えても，バーンアウトの予防やコーピング能力が身につき，結

研究計画書へのコメント

❶ 問題の背景

『スクールカウンセラーの効果は評価されているが，SC自身の力量によるところが大きい』ことをあげ，スクールカウンセラーが置かれている状況と問題点を指摘しています。

❷ 問題提起

日本のSCは非常勤で時間的制約があるために，業務上，困難な状況があることを述べ，『問題が生じた後の治療的な介入方法からコミュニティ・アプローチによる1次的予防活動を取り入れた支援に切り替えていくことが期待される』と問題提起をしています。

『日本のSCは非常勤で時間的制約があるため，生徒一人一人のメンタルヘルスに関わりながら，教師や保護者，他機関，地域との連携・協力・情報交換を行うのは困難であろう（鵜養，2000）』と書かれていますが，ここは先行研究の文章をそのまま引

果として生徒の問題に対応する余裕が生まれる（芳田ら，2010）。つまり学校システムに着目した働きかけがSCの本務に効果的であると考えられる。

❹ しかし教師とSCの協働においての阻害要因として価値観の不一致や教師の特性があり，山口ら（2000）は，教師の特性には「相互不干渉主義，個人主義，強い責任感，理想像がある」ことを示している。教師は自身の仕事を「独自性の高い仕事」だと認知しているが，指導方針が同僚と大きく異ならないように意識したり，互いに支えつつも足の引っ張り合いが起きないようにしようという葛藤から，徒労感を有意に高く感じていると指摘している。高木ら（2003）によると，「職場環境のストレッサー」は「職務自体のストレッサー」を通して間接的にバーンアウトを規定していることは明らかである。また，芳田ら（2010）によると，Troman & Woods（2001）は「ストレスは個人の心理的問題というよりも，学校組織の在り方であるという観点から，ストレスの強い学校と弱い学校を比較調査した。前者では教員の孤立や相互不信が見られるのに対し，後者では，相互信頼性に満ちたチームワークに現れる協働性を特徴とする」と報告している。

用してあります。先行研究を用いて問題提起しているところは適切ですが，「〜だろう」は論文には適さない言い回しです。そのため，「鵜養（2000）は，〜は困難であると指摘している」といった表現にした方がいいでしょう。

❸ 研究の意義

❶❷で問題の背景を述べ，問題提起をしたうえで，この研究計画書のテーマである「教師とSCのコレボレーション，協働」があげられています。その後で意義が述べられていますが，「コレボレーション，協働」の定義，具体的な内容，機能なども確認しておきましょう。本来ならば本文にも概要を入れた方がいいのですが，いずれにしても，これはしっかり押さえておく必要があります。

❹ 先行研究のレビュー

教師とSCの協働を阻害する要因があることを指摘しています。その要因として，「教師の特性」をあげ，それに関する先行研究をレビューし

❺ さらに東京都教育庁（2000）が報告している，「組織的な教育活動が展開されにくく，個々ばらばらに教育活動が行われている」現状をとらえ，そこから佐古（2006）は以下の特徴，「①個別分散した職務遂行形態をとり，②相互作用領域における機能不全ないし抑制，③教師の自己完結的な，自己の経験と知識に依存した教職観」がある学校を「個業型組織」と名付けた。そして教師の仕事を「不確定性の高い課業」と仮定し，そのもとで教育活動を展開していくための組織化傾向を「個業化」「統制化」「協働化」の3つに分類した結果，「協働化」が教師の学校改善志向に対して最も影響力が強かったことが分かった。

つまり，協働は学校やSCにとって重要であることが指摘されているが実際には，困難であることが示されている。

意義・目的
❻ これらの先行研究から示唆されるように，瀬戸（2007）は，教師特有のアイデンティティやフラット組織が作る教育現場の限界を乗り越えていくような取り組みを検討する必要があると述べている。伊藤（2009）は教師とSCの協働という観点では，教師の特性と学校全体の組織特性をアセスメントする具体的なツールの必要性を訴

ています。その中に，高木ら（2003）の研究があげられていますが，「職場環境のストレッサー」と「職務自体のストレッサー」とは何か，「間接的にバーンアウトを規定している」とはどういうことかなど，この研究の概要を明確にしておきましょう。

❺ 協働の必要性

「東京都教育庁」の報告をもとに，教師の協働の必要性が書かれていますが，教師とSCとの協働については言及されていません。ここに書かれていることと，教師とSCとの協働がどのように関わっているのかが問われます。そのためにも，❸でコメントしたように「教師とSCのコレボレーション，協働」の定義を明確にしておくことが必要です。

❻ 研究の意義・目的

これまでの先行研究をもとに，『教師特有のアイデンティティやフラット組織が作る教育現場の限界を乗り越えていくような取り組みを検討する必要がある』ということ，さらに

えている。そこで本研究では，教師とSCの協働におけるアセスメントの役割を持つ尺度を作成することを目的とする。先に挙げた佐古（2006）では，学校組織が教育活動に及ぼす影響とその変革方略を述べている。しかしそこにSCの関わりについては言及されていなく，現在，SCが協働と学校組織特性の両方の側面からアプローチするための尺度はない。この尺度作成によって，SCが配属される時に短時間かつ容易に，①その学校組織特性を見極め，②教師がSCをどう捉えているかを調査し，効果的な協働が可能になることが予測される。本研究の意義は，学校組織特性の視点に加え，その学校の教師がSCに求めるニーズを明確にすることは，結果として生徒の問題解決になるという点である。

方法
1. 予備調査 ❼
①文章完成法による調査を行う。文章は以下の7つである。
- 瀬戸（2007）より，学校組織特性に影響を与える教師個人の被援助志向性を「生徒の問題が起きた時，＿＿＿＿」によって確認する。
- 松本ら（2008）より教師がSCに期待する職務と協力・連携についてと，伊藤（2009）よりSC事業による時間的負担感や必要性

『教師とSCの協働という観点では，教師の特性と学校全体の組織特性をアセスメントする具体的なツールの必要性を訴えている』ことをあげ，『教師とSCの協働におけるアセスメントの役割を持つ尺度を作成する』と目的を述べています。

このように，1つ1つ先行研究をあげ，根拠を示しながら，目的まで到達しています。そして最後に研究の意義を述べています。

❼ 方法

予備調査と本調査を設定しています。予備調査では，尺度作成にあたって，文章完成法を用いて学校組織特性を見極め，教師がSCをどう捉えているかを調査しようとしています。それぞれの項目は，先行研究で根拠を示したうえで設定されています。

の認識を調べるために「SCは＿＿＿＿」を2文記入してもらう。
・芳田ら（2010）よりSCの職務をどのように捉えイメージしているのか，教師とSCの親密度欲求をどの程度求めているのか，山口ら（2000）より職場の徒労感の改善をSCに求めようとするかを調べるために「私にとってSCは＿＿＿＿」という3文で確かめる。
・瀬戸（2000）より学校独自の動きの中で，特にSCが知っておくべきだと考えることを「SCは学校の＿＿＿＿を知る必要がある」で調べる。
②予備調査の結果をK−J法で分析する。

2. 本調査 ❽

佐古（2006）が作成した，個業化，統制化，協働化を因子とした学校組織化傾向を測定する尺度を実施する。

予備調査の分析結果と学校組織化傾向の尺度で，内容が重複する項目や表現に問題のある項目を修正し，新尺度を作成する。その新尺度を実施し，信頼性と妥当性を検証，訂正して尺度の完成とする。

(2175字)

❽ 本調査

　この研究計画は尺度の作成を目的にしていますが，尺度を作成するのはかなりの時間や手間がかかり，相応の手続きが必要です。修士論文ではハードルの高い研究といえます。尺度の作成の仕方を理解できているかどうかが問われます。また，本文を読むと研究の対象者が教師だということが理解できますが，「方法」にも書いておいた方がいいでしょう。

引用・参考文献

伊藤亜矢子　2009　学校・学級組織へのコンサルテーション　教育心理学研究　48, 192-202.

鵜養美昭　2000　教師のメンタルヘルスとスクールカウンセラー　教育と医学　48(7), 593・600.

井上孝代　2007　学校現場へのコミュニティ・アプローチとその評価　コミュニティ心理学研究　11, 1-4.

芳田眞佐美　栗村昭子　2010　スクールカウンセラーによる教師のメンタルヘルス支援　関西福祉科学大学紀要　13, 91-108.

佐古秀一　2006　学校組織の個業化が教育活動に及ぼす影響とその変革方略に関する実証的研究―個業化，協働化，統制化の比較を通して―　鳴門大学研究紀要　21, 41-53.

瀬戸健一　2007　高校教師の協働に関する研究―不登校生徒へのチーム援助に着眼して―　10(2), 186-199.

松本ルリ子　淵上克義　2008　教師とスクールカウンセラーの協働による教育相談が教師の意識に及ぼす影響Ⅰ　日本教育心理学会総会発表論文集　50, 549.

山口恒夫　後藤祐貴子　山口美和　2000　教師の「心の病」と職場の人間関係―長野県小・中学校における実態調査を通して―　信州大学教育学部付属教育実践総合センター紀要「教育実践研究」1, 1-9.

瀬戸健一　2000　高校の学校組織特性が教師とスクールカウンセラーの連携及ぼす影響　教育心理学研究　48, 215-224.

研究計画書サンプル 02

　この研究計画書は，SCの現状を問題の背景として，第一次予防としての教師とSCの協働の必要性を問題提起としています。そして，他の教師との関係の難しさや協働の必要性を先行研究で示したうえで，SCと教師が協働するために，教師の特性と学校全体の組織特性をアセスメントするための尺度の作成を目的としています。

　研究の目的や意義も明確で，自分の言いたいことの根拠をすべて先行研究で示していること，そして文章の展開なども適切です。それだけに，「コレボレーション，協働」の定義による不明確な部分があることは残念です。教師とSCのコレボレーション，協働について明確にしておきましょう。また，この研究計画書で問われることの1つは，教師を対象に調査ができるかどうかということです。学校関係での調査は困難なことが多く，特に大学院生の場合は，よほど強力なフィールドをもっていない限りは不可能かと思います。実現可能性についてしっかり答えられるようにしておくことが重要です。

研究計画書サンプル >>> 03

慢性腎不全患者の持つ不安と家族機能との関連
~透析患者への関わり~

❶慢性疾患は完全な治癒や回復が困難で，生涯にわたり自身の病気を抱えていかなければならないため，自身の病気をどのように捉えていくかということは重要な問題となる（今尾 2005）。特に透析治療は一般的には週に2～3回，1回4～5時間，血液浄化のため機械に繋がれる治療であり日常生活に支障をきたし，精神的にも負担がかかる治療である。国内で透析療法を実施している患者数は290,675人にのぼり，1990年ごろより毎年約10,000人ずつ増加している。また透析導入患者の原疾患の第1位は，1998年より糖尿病となり現在では44.5％を占め，食生活の変化などが懸念されている（日本透析医学会 2010）。

❷透析患者全員を対象とした自己式症状評価尺度を用いた研究によれば，透析患者の約1/3に中等度以上の抑うつ症状がみられ，ま

研究計画書へのコメント

❶ 問題の背景

　慢性疾患患者の困難な状況を述べた後に，透析治療の患者に焦点を当て，『週に2～3回，1回4～5時間，血液浄化のため機械に繋がれる治療』というように具体的に実情をあげ，日常生活に支障がきたしていることを記しています。また，日本透析医学会のデータをもとに，患者数の増加や現在の食生活との関係もあげ，現状を示しています。このように，具体的なデータをあげることで説得力が出てきます。

❷ 問題提起

　『透析患者の約1/3に中等度以上の抑うつ症状がみられ，大うつ病エピソードと診断される人は，透析患者の5～20％であると報告されている』というデータを挙げ，その原因として透析患者の心理的要因，身体的要因，治療による生活の制約，社会的役割や家族関係の変化などの社

たDSM-Ⅳの診断基準で大うつ病エピソードと診断される人は，透析患者の5〜20％であると報告されている（堀川2002）。この原因としては，様々な喪失と脅威を体験することが問題となり，健康や自由，希望の喪失，透析治療に関する恐怖といった心理的要因，腎不全に伴う合併症や老化による病態・病気などの身体的要因，治療による生活の制約，社会的役割や家族関係の変化などの社会的・家族的問題などをあげている（堀川2002，春木2009）。透析導入の前後では大きく生活が変わってしまうため，透析を心から受容できるまでは多くの時間と段階を踏むことを必要とし，患者への心理的影響は看過できない。春木（2002，2004）はこのような透析患者の心理を精神的打撃・ショックから受容を通して，新しい役割の獲得，までを11段階で示している。透析治療は技術，薬剤の発展により，20年生存率で20％程度にまでなっており（日本透析医学会2010），長期に渡りストレスフルな状況を強いる治療となった。多くの患者は情緒不安定になり，不安や葛藤を抑えようとして依存的になったり，多弁傾向になり医療スタッフに不満をぶつけたりし，患者によっては透析治療を拒否したり，透析治療に不可欠な体重管理が疎かに

会的・家族的問題など，透析患者にみられる種々の要因をあげています。この記述により，なぜ身体疾患である透析患者に心理的な援助が必要なのかが示されています。また，『透析治療は技術，薬剤の発展により，20年生存率で20％程度にまでなっており，長期に渡りストレスフルな状況を強いる治療となったこと』や，『透析患者の生活場所は在宅療養（通院治療）が約90％で，入院・施設入所が約10％であるという状況』から，『患者をサポートするには，家族の患者に対する援助も不可欠である』という筆者の考えを述べています。問題提起をするにあたって具体的なデータや先行研究を用いて詳細に述べることで，透析患者に対してあまりなじみのない人に対しても，心理的な支援が必要であるということがわかりやすく説明されています。

なったりなどの問題行動がみられることもある。したがって，周囲からのサポート体制があるかどうか，サポートのレベルなどは患者の情緒面の安定化にはきわめて大きな要因となる（福西1997）。透析患者の生活場所は在宅療養（通院治療）が約90％で，入院・施設入所が約10％であるという状況（日本透析医学会2010）を踏まえ，そういった患者をサポートするには，医療スタッフやソーシャルサポートのみならず，家族の患者に対する援助も不可欠である。

❸ 一方，家族機能に関する研究においては，Olsonらの円環モデルでは健康な家族機能として，家族成員がお互いに対してもっている絆である家族の「凝集性」，内的・外的な圧力に対する家族の変化の柔軟性を表す「適応性」の両次元から評定している（鈴木2000，茂木2007）。また無藤ら（2006）によると，介護の心理的ストレスなどに大きな影響を持つのは介護者と被介護者の二者関係にあるとし，両者の関係性を取り上げる必要性を述べている。障害者，病人，高齢者などのケアが必要な家族では，家族の持つ養護力・ケア力を発揮しやすくなるような働きが必要であり，それにより被介護者の自律も促すとしている。糖尿病などの慢性疾患治療におい

❸ 先行研究のレビュー

家族支援にあたって，家族機能に関する研究としてOlsonらの円環モデルをあげています。『健康な家族機能として，家族成員がお互いに対してもっている絆である家族の「凝集性」，内的・外的な圧力に対する家族の変化の柔軟性を表す「適応性」の両次元から評定している』と述べられていますが，Olsonらの円環モデルが，透析患者の家族支援とどのように関係するのかを説明できるようにしておきましょう。特に，「凝集性」と「適応性」の尺度を使って研究するのであれば，なおさら説明が必要になります。Olsonらの円環モデルや，「凝集性」と「適応性」の尺度を使用した先行研究を調べておくとよいでしょう。

次に，家族支援についての先行研究が書かれています。患者に対する家族支援の必要性，有効性が述べられている一方で，『家族は患者を心配するあまり，制限や禁止の言動を取りやすく，サポート提供側の意

ては，高倉ら（2009）は家族からの支援と治療との間に有意差は認められなかったとしながらも，治療法に対する家族の理解状況が良い方が，治療状況も良好であったと述べており，患者だけではなく，患者を取り巻く周囲の家族に対しても適切な情報提供を行うことが重要であるとしている。ただ時として，家族は患者を心配するあまり，制限や禁止の言動を取りやすく，サポート提供側の意図はポジティブなものでも，患者にとってはネガティブなものとして受け取っている可能性を示唆している。透析治療においても，家族の支援は重要であると考えられるが，患者に対する心理的ストレスの測定（春木 2002）や心理的支援（金 1996）などの報告は散見されても，透析患者の家族を対象としている研究は少ないのが現状である。

❹ したがって本研究では，透析医療を受ける患者とその家族に焦点をあて，透析患者の不安状態と家族の凝集性・適応性との関係を検討する。また，家族が日常どのような支援を患者に対して行い，患者がどのような支援を望んでいるかを探索的に明らかにする。お互いを知ることにより，凝集性が生まれ適応的になるものと考えられる。さらに，不安が高く家族の凝集性の低い他の患者への支援の

図はポジティブなものでも，患者にとってはネガティブなものとして受け取っている可能性を示唆している』と述べ，家族支援の難しさも述べています。最後に，『患者に対する心理的ストレスの測定や心理的支援の研究は散見されても，透析患者の家族を対象にしている研究は少ない』と述べ，この研究の意義を書いています。

❹ 研究の目的

ここでは，患者に対する家族の支援の必要性を述べていますが，一方で患者を抱える家族のストレスも考えられます。それについても考えをまとめておいた方がいいでしょう。

材料となることが期待される。

❺ 方法としては，透析患者に対し，STAI（State-Trait Anxiety Inventory）を用いて状態不安と特性不安を測定する。また，患者とその家族に対し，FACES Ⅲ（Family Adaptability and cohesion Evaluation Scale Ⅲ）により家族の凝集性・適応性について測定する。併せて家族に対し半構造化面接を行い，家族の支援の実態，患者の望む支援について探る。調査対象は千葉県某クリニックに通院している透析患者，透析導入予定患者とその家族とする。倫理的配慮として，院長より承諾を得た患者に対し，調査目的と概要を説明し協力の同意を得られた対象に行う。また面接に関しては個室で行いプライバシーは守られ，個人が特定されないよう配慮する。

(2139字)

［参考文献］
今尾真弓（2005）成人期慢性疾患における morning work プロセスについて，Japan Society of Personality Psychology, 61-62
堀川直史（2002）透析患者の抑うつ，腎と透析，Vol.53, No.6, 721-725
春木繁一（2009）透析ケア サイコネフロロジー 55 のキーワード，Vol. 15,

---

❺ 方法

「方法」として別項目では設定されていませんが，書かれている内容は「方法」に相当します。

『透析患者に対し，STAI（State-Trait Anxiety Inventory）を用いて状態不安と特性不安を測定する』と書かれていますが，具体的にどのような不安が測定できるのか，透析患者にとって妥当なものなのか，また，それを測定することが援助につながるのかということも明確にしておくとよいでしょう。

『患者とその家族に対し，FACES Ⅲ（Family Adaptability and cohesion Evaluation Scale Ⅲ）により家族の凝集性・適応性について測定する』と家族に関する具体的な尺度があげられています。❸でもコメントしましたが，FACES Ⅲ の家族の凝集性・適応性が，透析患者の家族支援とどのような関係があるのか，さらに言えば，これらを測定することで家族支援についてどのような見解が得られるのかということを押さ

No.3, 12-51
春木繁一（2002）長期透析患者の精神，心理，Vol. 53, No. 6, 733-738
春木繁一（2004）透析患者のサイコネフロロジー―透析導入の告知に伴って生まれる患者の心理，いかにして受け入れていくか，その他の心理的問題―，日本臨床，Vol.62, Suppl.6, 540-543
日本透析医学会（2010）わが国の慢性透析療法の現況
福西勇夫（1997）現代のエスプリ，慢性疾患，Vol.363, 96-105, 1997-10
鈴木久美子（2000）家族凝集性からみた家族アセスメント尺度：展望，筑波大学心理学研究第22号，227-234
茂木千秋（2007）健康な家族機能に対する家族の評価，仙台白百合女子大学紀要 11, 65-80
高倉奈央（2009）糖尿病療養者に対する家族支援の実態，川崎医療福祉 Vol.18, No.2, 485-490
金　外淑（1996）慢性疾患患者に対する認知行動的介入，心身医第36巻1号
無藤清子（2006）高齢者の家族介護者・介護家族支援における重要な視点，東京女子大学紀要論集，57(1), 125-154, 2006-09
心理測定尺度集Ⅲ　心の健康をはかる〈適応・臨床〉

えておくことが必要です。
　『家族に対し半構造化面接を行い，家族の支援の実態，患者の望む支援について探る』として，質問紙法だけでなく，面接も行うことが書かれています。反構造化面接のデータをどのように分析するのか，また，質問紙法の結果と，反構造化面接の結果をどのように関連づけるのかも明確にしておきましょう。
　対象者は『千葉県某クリニックに通院している透析患者，透析導入予定患者とその家族』とかなり具体的に書かれています。おそらくフィールドがあると推察されますが，本来ならば調査が難しく，実現可能性が問われるケースです。本当に協力が得られるのか確認しておきましょう。

研究計画書サンプル 03

　この研究計画書は，慢性疾患患者の中でも透析治療の患者に焦点を当て，日常生活への支障，患者数の増加や現在の食生活との関係もあげながら現状を示しています。そのうえで，抑うつ症状やうつ病との関連，さらにその要因として，心理的要因，身体的要因，社会的・家族的問題など，透析患者にみられる種々の要因をあげています。次に，治療にあたって長期にわたりストレスフルな状況が強いられることや，在宅療養（通院治療）が約90％を占めることから，患者をサポートするには家族の患者に対する援助も不可欠であることを述べています。

　家族支援にあたっては，家族機能に関する研究である Olson らの円環モデルで述べられている「凝集性」「適応性」をあげ，家族支援についての先行研究から，患者に対する家族支援の必要性，有効性が述べられています。一方で家族支援の難しさも述べています。そして，家族支援の重要性や必要性は示唆されながらも，家族を対象にしている研究は少ないと述べ，この研究の意義を書いています。最後に方法と倫理的配慮という展開になっています。

　この研究計画では，臨床心理学的な援助としてはあまりメジャーではない透析患者に焦点を当てています。そのため，透析患者の現状を述べたうえで，心理的要因，身体的要因，社会的・家族的問題などから，透析患者が抑うつ症状を発症することや，長期にわたってストレスフルな状況になることなどを述べ，透析患者という身体的疾患の患者に対して臨床心理学的援助が必要であることを論理的に示しています。このように透析患者の現状から困難，援助の必要性までを，先行研究や統計データなどを用いて明確に提示していることが評価のポイントです。また，家族支援の必要性や難しさなども先行研究を使って示しています。このように，臨床心理的援助ではあまりなじみのない透析患者に焦点を当て，その家族の支援の必要性について提案してい

るところがこの研究のオリジナリティになると思います。

　一方で，家族支援のための概念や尺度が妥当かどうか問われます。先ほどもコメントしましたが，「凝集性」「適応性」などの尺度を使用した先行研究を確認しておくとよいでしょう。調査対象者は具体的で，フィールドが確保されたうえでの研究計画であることが推察されます。また，倫理的配慮まで述べている点もポイントです。

研究計画書サンプル >>> 04

休職者における企業への帰属意識とソーシャルサポート認知，精神的健康度との関係の検討

❶厚生労働省はメンタルヘルス不調により休業した労働者（以下，休職者）に対する職場復帰を促進するため，事業場向けマニュアルとして，2004年に「心の健康問題により休業した労働者の職場復帰支援の手引き」を発表し，2009年にその改定を行った。障害者職業総合センターの「うつ病を中心としたメンタルヘルス不全による休職者の職場復職支援の実際と課題に関する文献研究」によれば「多くの企業にとって，メンタルヘルス不全の問題は収束を見ているとは言えず，未だ懸案となっている」状況にある。これに対し，うつ病リワーク研究会のような復職を支援する動きも見られるが，まだその歴史は浅い（うつ病リワーク研究会，2009）。

❷働いていないという点で休業者は失業者と類似した状態にあると考えられるが。失業者についての研究では会社との距離，つまり

研究計画書へのコメント

❶ 問題提起

『厚生労働省が「心の健康問題により休業した労働者の職場復帰支援の手引き」を発表している』こと，『多くの企業にとって，メンタルヘルス不全の問題は収束を見ているとは言えず，未だ懸案となっている状況にある』ことを先行研究で示しています。また『復職を支援する動きは，まだその歴史は浅い』ことなど，メンタルヘルス不調に休職した労働者の状況を問題提起としてあげています。

❷ 先行研究のレビュー

失業者についての研究をあげています。『企業への帰属意識が失業者の心理状況に影響を及ぼすことが示唆されている』ことや，『人生という長いスパンでの職業観と関連した問題でもある』と，失業者の帰属意識をもとに，休業者の問題を説明しようとしています。

企業への帰属意識が失業者の心理状況に影響を及ぼすことが示唆されている。また，企業帰属意識は失業者の心理的問題に影響するだけでなく，人生という長いスパンでの職業観と関連した問題でもある（高橋，2010）。

❸ Porterら（1974）は，企業帰属意識を，特定の組織に対する一体感や関与の強さとして定義している。関本（1992）は，日本企業の分析においてはPorterら（1974）のような積極的な意味での帰属意識だけでは不十分であると考え，従属安定型，功利的，日本的といった要素を加えて調査を行い，「目標・規範・価値観」，「意欲」，「残留」，「功利型」という四因子を抽出している。さらに，それらの因子をもとに帰属意識を「伝統型」，「企業依存型」，「自己主体型」，「功利型」，「希薄型」の五つのクラスターに分類し，「目標・規範・価値観」，「意欲」，「残留」といった因子にかかわる帰属意識が強く，「功利的」といった因子にかかわる帰属意識が弱い「自己主体型」が従業員の価値観の多様化というこれからの時代の風潮にかなった帰属意識であると述べている。宮入（2004）によると，近年においては「残留」，「意欲」の因子にかかわる帰属意識が強く，「功

『働いていないという点で休業者は失業者と類似した状態』と書かれていますが，実際には，類似しているところと異なる点があるはずです。そこを明確にしておきましょう。失業者の研究をもとに，休業者の帰属意識をテーマにした研究計画を立てるような展開になっています。そのため，類似点と相違点を明確にしておくことは，この研究の鍵となるところです。必要に応じて，他の先行研究も用いて確実に押さえておきましょう。

❸ 先行研究のレビュー

企業帰属意識の定義を述べた後，日本企業の分析においては積極的な意味での帰属意識だけでは不十分であると述べられている先行研究を提示し，その先行研究が見出した因子について述べています。さらに近年の企業の実情に沿った先行研究をレビューしています。

ここでは，日本の企業の帰属意識に関する因子について取り上げていますが，因子名だけでは内容が伝わ

利的」,「目標・規範・価値観」といった因子にかかわる帰属意識が弱い「企業依存型」の減少と, どの因子にかかわる帰属意識も弱い「希薄型」の増加の傾向が見られる。その背景として, 成果主義の導入やリストラなどによる終身雇用の崩壊, 厳しい労働環境に対する諦めにも近い意識, などを指摘している。❹ また, Porterら（1974）の研究に基づき企業帰属意識を測定し, 帰属意識とソーシャルサポートを研究した小牧・田中（1993）と, ソーシャルサポートと心理的・身体的健康との関係を調査した新實・廣岡（2001）があり, そこからは帰属意識の高さとソーシャルサポート認知の高さ, ソーシャルサポート認知の高さと健康度の高さに正の相関があることが伺える。❺ 本研究では休職者を対象にするが, 高橋（2010）では失業者に関して, 会社への愛着が強い場合には失業後の葛藤が強いこと, また会社との距離を適切に保つことができない場合には精神健康が悪化することが示唆されている。また, 積極的な意味で組織にとどまりたいという関本（1992）の示した帰属意識の「残留」意欲が, GHQと正の相関があることも明らかにしている。このことから, 帰属意識の高低だけでなく, 関本（1992）のいう帰属意識のタ

りにくいところかあるので, 因子の内容や意味について具体的に説明できるようにしておくことが必要です。

❹ 先行研究のレビュー

次に, 帰属意識とソーシャルサポートの研究を取り上げ,『帰属意識の高さとソーシャルサポート認知の高さ, ソーシャルサポート認知の高さと健康度の高さに正の相関があることが伺える』と述べています。「ソーシャルサポート認知の高さ」とはどういうことかを明確にしたうえで,「帰属意識の高さ」「ソーシャルサポート認知の高さ」「健康度の高さ」がどのように関連しているのか, これらの3つの概念について, 正の相関があるとは何を意味しているのかなどについて明確にしておきましょう。

❺ 先行研究のレビュー

失業者に対する先行研究をもとに,『会社への愛着が強い場合』『会社との距離を適切に保つことができない場合』『帰属意識の残留意欲』のそれ

イプによっても休業者の精神健康度が変化することが考えられる。❻自立的な自己主体型の帰属意識を持っているならば、会社との距離も適切であることが予想され、職場でのソーシャルサポート認識も高く、精神的健康度も比較的高く復職に前向きであると考えられる。一方、仕事に対する動機は消極的であるが、組織に留まっていたいという願望の強い企業依存型では、会社との距離も適切ではないと考えられる。よって、職場でのソーシャルサポート認識が低く、精神的健康度も比較約低く復職への意欲も低いと予想される。

【方法】❼
調査対象者：
　　リワーク・デイケアに参加中の休職者と、その企業の労働者100名ずつ。

手続き：
(1)質問紙調査を行い、企業帰属意識尺度（関本、1992）、ソーシャルサポート尺度（小牧・田中、1993）、GHQ（中川、1996）の3

それについて精神的健康との関連を述べ、帰属意識の高低だけでなく、帰属意識のタイプによっても、休業者の精神的健康が変化する可能性を述べています。単に高いか低いかということだけでなく、タイプで検討するということが、この研究のオリジナリティになっています。

また、❷でもコメントしましたが、失業者の研究を休業者の研究に適用できるかどうかが問われます。先行研究をもとに押さえておきましょう。

❻ 仮説

「帰属意識」「ソーシャルサポート認識」「精神的健康度」をもとに研究の仮説を述べています。

❼ 方法

調査対象者を『リワーク・デイケアに参加中の休職者と、その企業の労働者100名ずつ』と書いていますが、特定の企業ごとに労働者を100名ずつということでしょうか。休職中の人を、各企業から100名ずつ

点を測定する。
(2)五つの帰属意織に分け，それぞれから2，3名の休職者を選び面接を行なう。質問紙の結果を基にインタビュー・ガイドを作成し，帰属意識と精神健康に関して60分程度の半構造化インタビューを行なう。

（1821字）

【引用・参考文献】

小牧一裕・田中國夫，1993，職場におけるソーシャルサポートの効果．関西学院大学社会学部紀要，67，57-67.

中川秦彬・大坊郁夫，1996．日本版GHQ精神健康調査票手引き（改訂版），日本文化科学社．

新實千恵里・廣岡秀一，2001，失業者におけるソーシャルサポートの身体的・精神的健康への影響，三重大学教育学部研究紀要，52，243-255.

Porter, L. W. et al., 1974, Organizational commitment，job satisfaction, and turn over among psychiatric technicians，Journal of Applied Psychology, 59，pp.603-609.

関本昌秀，1992，企業帰属意識の変化，法学研究，慶應義塾大学，65-1，287-312.

障害者職業総合センター，2010，うつ病を中心としたメンタルヘルス不全に

というのは，かなり困難です。『リワーク・デイケア』でも，一度に多くの人を受け入れているわけではないと思います。調査対象者をどのように確保するのか，また，実際に研究に協力してもらえるのかを確認しておきましょう。これは，研究の実現可能性に関わる大切なことです。

手続きとして，尺度を3種類用いた質問紙調査と，質問紙調査から得られた結果で，『五つの帰属意織に分け，それぞれから2，3名の休職者を選び面接を行なう。質問紙の結果を基にインタビュー・ガイドを作成し，帰属意識と精神健康に関して60分程度の半構造化インタビューを行なう』と書かれています。これにより，何が検討できるのか，さらにどのように臨床心理的な活動に活かすのかを明確にしておきましょう。それがこの研究の臨床的意義になります。また，『60分程度の半構造化インタビューを行なう』と書かれていますが，休職者には負担にならないでしょうか。倫理的配慮についても押さえておきましょう。

よる休職者の職場復帰支援の実際と課題に関する文献研究,資料シリーズ,57.
高橋美保,2010,中高年の失業体験と心理的援助,ミネルヴァ書房.
うつ病リワーク研究会,2009,うつ病リワークプログラムのはじめ方,弘文堂

研究計画書サンプル04

　この研究計画書は，メンタルヘルス不調で休職した労働者の状況を問題提起としてあげ，休職者の帰属意識をテーマにしています。その際，失業者の帰属意識の先行研究から導いています。次に，企業帰属意識の先行研究をレビューしています。日本企業や近年の社会，および企業の実情に即した先行研究を取り上げています。さらに，帰属意識とソーシャルサポートの研究をあげた後，帰属意識の高低だけでなく，帰属意識のタイプによっても，休業者の精神的健康が変化する可能性をあげています。それらの先行研究からの見解をもとに，「帰属意識」「ソーシャルサポート認識」「精神的健康度」の関係について，研究の仮説を述べるという展開になっています。

　メンタルヘルス不調で休職するには種々の要因が考えられていますが，この研究では，個人と組織の関係である「企業への帰属意識」に焦点を当てているところがポイントの1つになっています。帰属意識以外の要因も一通り調べたうえで，帰属意識を取り上げた根拠を確認しておくといいでしょう。また，帰属意識を高低だけではなく，質的な側面も併せて検討するところが，この研究のオリジナリティになっています。

　一方で，失業者の研究をもとに，休職者の帰属意識をテーマとした研究計画を立てています。おそらく，休職者については帰属意識の研究がなかったのではないかと推察されますが，失業者の研究で得られた見解を休職者に適用する根拠を示すようにしましょう。これは，この研究にとって要です。ここが崩れてしまうと研究計画が成り立たなくなってしまうので，丁寧に調べてまとめておくことが大切です。

　また，概念や因子を中心にまとめた研究計画書になっているため，文章を読んだだけでは内容が理解しにくいところがあります。それらについても説明できるようにしておきましょう。さらに，研究対象者に関する実現可能性の問題，倫理的配慮についても押さえておくとよいでしょう。

絵本の読み聞かせにおける母親の意識

【背景】
❶子どもの発達段階において、全ての基礎となる情緒・性格・物事の考え方や感じ方は、幼児期にその構造が形成される。その上で重要になってくるのが、親との関わりである。幼児期は大部分の時間を親と一緒に過ごすため、親の影響も多大だといえる（菊池1995）。そして、その親と子の関係は遊ぶことによってより深いものとなる。本研究ではその中で、絵本の読み聞かせに焦点をあてた。
❷近年、日本では、絵本に関心が集まっており、家庭における親と子の絵本体験や、保育所や幼稚園などの集団生活の場での絵本とのかかわりがあり、これらの場面での絵本体験が、子どもの成長によって持つ意味について、検討することに強い関心がもたれている（近藤・辻元2006）。自治体によっては、ブックスタート事業を通じて、子どもと絵本との出会いについて、保護者に情報を提供して

研究計画書へのコメント

❶ 研究の背景

子どもの発達を取り上げ、幼児期における親の関わり方の重要性を述べています。そのうえで、この研究のテーマである「絵本の読み聞かせ」に焦点を当てています。

❷ 先行研究のレビュー

日本で絵本に関心が集まっていること、さまざまな場での子どもの絵本体験が子どもの成長にどのような意味を持つのかを検討することに強い関心が持たれているという現状について、先行研究をもとに述べています。ここでは、「絵本の読み聞かせ」を研究テーマにすることの意義を示しています。

いるところもある（吉田 2011）。

❸それでは、具体的に絵本は、それぞれの現場でどのように取り上げられ、どのような効果を期待されているのか。保育の基本的性格について述べられている保育所保育指針から、秋山（1986, p.28-33）は、乳幼児は絵本を見たり聞いたりすることによって、生活経験を広げたり、知識を身につけたりするとともに、その話の筋がつかめるようになってくると、自分の経験したことを通して想像を楽しむようになり、想像力が伸びてくる。そして、想像力を働かせて実現をこえた豊かな広い世界を自由につくり出していく。そのため、その能力はゆっくりとじっくりと人間性の基盤として培われていく、と述べている。また、幼稚園教育要領においては、絵本を与えることの教育的意義として、①幼児に楽しさを与える、②情操を豊かにする、③経験を豊かにする、④知識を与える、⑤言語の能力を養う、⑥読書についての態度を養う、⑦物を大切に扱ったり、整理整頓の習慣を養う、の7つがあげられている。

❹保育所保育指針と、幼稚園教育要領における絵本の位置づけより読み取れるのは次のことである。それは、子どもに絵本を与える

❸ 効果

保育現場で絵本を用いることについて、どのような効果が期待されているのかということを、保育所保育指針と幼稚園教育要領を取り上げて説明しています。

❹「絵本の読み聞かせ」の位置づけ

❸に書かれている保育所保育指針と幼稚園教育要領から、保育や教育現場での絵本の位置づけについて、読み取れたことをまとめています。

ということは，生活経験を豊かにし，言語や知識を身に付け，さらには，絵本の中の世界を想像することによって感情表現を豊かにするという効果があると期待しているということだ。❺その上で，絵本の読み聞かせという相互作用は豊かな親子関係を促進するとされている。例えば，秋田・無藤（1996）は，絵本の読み聞かせを，空想世界を共有し，親子の楽しい語らいの場を与える行動としており，菊池（1995）は，子どもは自分の好きな人に抱かれるか，或いは隣に寄り添って絵本を読んでもらうという，スキンシップを伴ったコミュニケーションと捉えると述べている。これは余郷（2010, p.4）の絵本の読み聞かせが，乳児に対する授乳の刺激と類似の刺激だという主張でも説明されている。余郷は，授乳の時に子どもと母の間で行われるアイコンタクトや母から子への語りがけが，視覚刺激と聴覚刺激の同時作用という面で類似していると述べる。さらにこの刺激には，自分自身の命も他人の命も愛する心を養うことが期待できることを主張している。このことはまさに，先にあげた7つの教育的意義の中の2つ目にあげられていた「感情表現を豊かにする」ということにつながる。乳幼児の発達において非常に重要な愛着の

❺「絵本の読み聞かせ」の位置づけ

『その上で，絵本の読み聞かせという相互作用は豊かな親子関係を促進するとされている。例えば…』と，親子の間での絵本の読み聞かせの話に進んでいます。保育や教育現場と親子間での絵本の読み聞かせは，分けて記述した方がいいでしょう。特に，親から子への絵本の読み聞かせの記述は，親と子の愛着形成の話へとつながっています。これは，保育や教育現場での絵本の効果とは異なる機能になります。❺で改行をして，「親から子への絵本の読み聞かせ」として，新たに書き始める方が論理的な展開になるでしょう。細かなことですが，これだけで変わってくるのです。

形成は，情緒の安定が前提とされているとした上で，藤田（2012, p.137）は，乳幼児が愛着を抱く対象となる人物が，乳幼児にとって安全基地となるとしており，愛着形成が十分でなく，安全基地を持てていない乳幼児は，安心して十分に外界を探索する行動や経験を積むことができず，そうした経験の不足が発達や学習に影響する可能性があると考えられる，と述べている。

❻このように，絵本の読み聞かせには，乳幼児が，読み手である親や保育者との間に愛着を形成したり，発達において重要となる機能を養うという効果があるということがわかっている。また，絵本の読み聞かせによって影響を受け合うのは，絵本を読む大人，聞く子どもというこの二者間だけではなく，その他にも，環境ともいえる家庭と保育・教育現場の間でも影響しあっていると言える。絵本の読み聞かせの最大の効果が発揮されるためには，大人が良い絵本を選ぶことや，子どもに愛情を注ぐことの他に，家庭と保育・教育現場での連携などの環境も影響の要因である。

---

❻ ❸～❺のまとめ

さらに，絵本の読み聞かせによってさまざまなことが影響し合っていることを述べ，『絵本の読み聞かせの最大の効果が発揮されるためには，大人が良い絵本を選ぶことや，子どもに愛情を注ぐことの他に，家庭と保育・教育現場での連携などの環境も影響の要因である』と書かれていますが，家庭と保育・教育現場での連携の影響の要因について具体的に説明できるようにしておきましょう。

特に研究の目的につながるような説明を入れるといいでしょう。

研究計画書サンプル >>> 05

【目的】❼

　これまでに，絵本の読み聞かせの効果に関する研究は数多く行われてきた。例えば，絵本の読み聞かせ場面において，影響を及ぼすグループサイズについて報告したものには大元・青柳（2012）の「絵本に対する幼児の関心に及ぼす読み聞かせのグループサイズ」がある。また，読み聞かせにおける母子の関わりについての報告には，菊池（1995）の「絵本の読み聞かせにおける母子の関わりについて」や，吉田（2011）の「絵本を介した親子のコミュニケーションの発達」などがある。しかし，母親の絵本の読み聞かせに対する意識に視点を当てた調査は少ないように思う。

　そこで，本研究では実際の家庭において，①親（特に母親）が絵本の読み聞かせについて，どのような意識を抱いているのか，また，②どのような効果を期待しているのか，という点について調査することを目的とする。

　さらに，菊池（1995）の読み聞かせにおける母子の関わりについての調査では，子どもがひとりっ子である場合より，2人以上の場合の方が，読み聞かせが多く行われているという結果であった。こ

---

❼ 目的

　これまで行われた絵本の読み聞かせの効果に関する研究をいくつかあげています。そのうえで，『しかし，母親の絵本の読み聞かせに対する意識に視点を当てた調査は少ないように思う』と述べ，自分の研究の意義を示しています。ただし，『少ないように思う』という書き方はあいまいさを残してしまいます。できる限り先行研究を調べたうえで，「母親の絵本の読み聞かせに関する研究を概観したところ…母親の絵本の読み聞かせに対する意識に視点を当てた調査は少ない」というように表現した方がいいでしょう。

　続いて，誰に何を調査するのかが具体的に書かれています。『実際の家庭において，❶親（特に母親）が絵本の読み聞かせについて，どのような意識を抱いているのか，また，❷どのような効果を期待しているのか』という点について調査することに加え，『母子の関わりについての調査では，子どもがひとりっ子であ

のことから、③子どもの兄弟構成によって、読み聞かせの頻度や形態は18年前と同じように変化するのか、④変化するならば、その要因となるものは何か、という点についても並行して調査する。

【本研究の意義】❽

　絵本の読み聞かせについては、上記のように数多く研究され、様々な効果が期待されているが、その効果の可能性を知らなかった場合、有効的に読み聞かせを行うことができないおそれがある。本来の絵本の読み聞かせの効果を引き出すために、各発達段階に合った絵本の選び方、読み聞かせ時に意識すること、効果的なグループサイズなどを、読み聞かせを行う大人が知っておくべきである。そのために、本研究では実際の家庭において親（特に母親）が、どのような目的や意識の上で絵本の読み聞かせを行っているかについて調査し、本来の絵本の読み聞かせの効果を期待しているか、また、その効果について熟知し、その効果を引き出すための方法を用いながら読み聞かせを行っているかを知る。調査した結果を、調査対象の保育園やその他乳幼児を持つ母親が関わる施設にフィードバックすること

る場合より、2人以上の場合の方が、読み聞かせが多く行われているという結果であった』という先行研究に注目して、『❸子どもの兄弟構成によって、読み聞かせの頻度や形態は18年前と同じように変化するのか、❹変化するならば、その要因となるものは何か』という点についても調査すると述べています。この先行研究は1995年のものなので、その時と現代では、社会状況や家族の形態も変わっています。これを改めて調査し比較検討することも、この研究

のオリジナリティであるといえます。

 意義

『絵本の読み聞かせについては、上記のように数多く研究され、様々な効果が期待されているが、その効果の可能性を知らなかった場合、有効的に読み聞かせを行うことができないおそれがある』と述べ、具体的に母親に何を知らせるのかが書かれています。このように、研究は数多く行われているが、現場に活かすことを重視しているのが、この研究の臨

研究計画書サンプル >>> 05

によって，現状と実際の関係を知ってもらい，育児における親子関係の充実に活用してもらう。

【方法】❾

大阪市内の保育園に通う子どもの保護者10人を対象に，質問紙調査と半構造化面接を行う。質問紙調査においては，子どもの兄弟構成を書いてもらった上で①家庭では読み聞かせを行っているか，②行っている場合どのくらいの頻度であるか，③また，だれが（読み聞かせを）行っているか，について回答を求めたものを作成する。質問項目としては，秋田・無藤（1996）の「幼児の読み聞かせに対する母親の考えと読書環境に関する行動の検討」で用いられていた質問項目を引用する。尺度として，読み聞かせの目的を尋ねる質問と，読み聞かせの機能を尋ねるものとの2種類を合わせる。さらに，質問項目では不十分であると考えた部分に関して，面接法によってより具体的なものとする。

床的意義になっています。『調査した結果を，調査対象の保育園やその他乳幼児を持つ母親が関わる施設にフィードバックすることによって，現状と実際の関係を知ってもらい，育児における親子関係の充実に活用してもらう』と書かれています。この「フィードバック」ということも臨床心理学の研究では大切です。

❾ **方法**

対象者を『大阪市内の保育園に通う子どもの保護者10人』と具体的に書いているので，おそらくフィールドがあると考えられますが，現在，学校や幼稚園，保育園などの教育現場での調査は難しい場合が多いため，実現可能性が問われるケースです。本当に協力が得られるのか確認しておきましょう。

【予測される結果】 ⑩

　菊池（1995）の研究によると，ひとりっ子より，子どもが2人以上いる家庭の方が，読み聞かせを行っているという結果が出ていた。ここではその理由については言及されていなかった。そこで，今回，子どもがひとりっ子である親と，2人以上である親の絵本の読み聞かせの目的の違いを明らかにすることによって，菊池（1995）の研究結果の要因を見つけ出すことが出来ると予測される。その上で，卒業論文で調査した「ひとりっ子の性格特性」との相関があるかどうかということも明らかになると予測している。

(3287字)

【引用・参考文献】

大元千種　青柳恵里香　2012,「絵本に対する幼児の関心に及ぼす読み聞かせのグループサイズの影響」『筑波女学園・筑波女学園短期大学部紀要』167-178頁
藤田哲也　2012,『絶対役立つ教育心理学』ミネルヴァ書房
吉田佐治子　2011,「絵本を介した親子のコミュニケーションの発達」『摂南大学教育学研究』7, 11-22頁
余郷祐次　2010,『絵本のひみつ』京都新聞出版センター

⑩ 予測される結果

❽に書かれていた『ひとりっ子より，子どもが2人以上いる家庭の方が，読み聞かせを行っている』という先行研究の結果に対して，その要因を明らかにすることを重視しているという筆者の研究への問題意識と目的が書かれています。また，卒業論文で「ひとりっ子の性格特性」を研究したことが書かれており，卒業論文の延長としてのテーマであるということがわかります。卒業論文の延長は，大学院に進学する際のテーマの設定として説得力があります。卒業論文の概要について，また，それを今回の研究計画書へつなげるような説明ができるようにしておくとよいでしょう。

近藤文里　辻元千佳子　2006,「絵本の読み聞かせに関する基礎研究とADHD児教育への応用」『滋賀大学教育学部紀要』I, 教育科学 58, 1-15 頁
松村恵子　2004,『母性意識を考える』文芸社
秋田喜代美　無籐隆　1996,「幼児への読み聞かせに対する母親の考えと読書環境に関する行動の検討」『教育心理学研究』44, 109-120 頁
菊池文子　1995,「絵本の読み聞かせにおける母子の関わりについて　第一報」『日本保育学会大会研究論文集』48, 494-495 頁
木戸由子　山口茂嘉　1989,「絵本の読み聞かせに於ける各年齢間の反応と行動分析について」『日本保育学会大会研究論文集』150-151 頁
秋山和夫　1986,『保育の絵本研究』三晃書房

研究計画書サンプル 05

　この研究計画は文字数が多いため，背景も詳しく書かれています。研究の背景として子どもの発達を取り上げ，幼児期における親の関わり方の重要性を述べ，この研究のテーマである「絵本の読み聞かせ」を提示しています。絵本に関心が集まっていることや，子どもの成長へ強い関心が持たれているという現状を述べ，この研究テーマの意義を示しています。

　最初に，保育所保育指針と幼稚園教育要領から，保育や幼児教育現場について述べ，親から子への絵本の読み聞かせとその効果などを先行研究で示した後，研究の背景についてまとめています。

　次に，研究の目的の中で，絵本の読み聞かせの効果に関する先行研究をいくつかあげたうえで，「母親の絵本の読み聞かせに対する意識に視点を当てる」と，自分の研究の目的を述べています。方法を書いた後に，研究の意義としてフィードバックの必要性を提示しています。フィードバックして研究結果を現場に還元することは，臨床心理学の研究では大切です。また，研究に協力してもらったからには，なんらかの形でフィードバックをすることが必要なのです。その点を含めて研究計画を作成している点が評価のポイントです。

　予測される結果として，『ひとりっ子より，子どもが2人以上いる家庭の方が，読み聞かせを行っている』という先行研究の結果に対して，その要因を明らかにすることが書かれていますが，卒業論文の延長としてのテーマということで問題意識も明確だと思います。卒業論文の結果を今回の研究計画書へとつなげて説明できるといいでしょう。

新旧の同性友人からのサポートが大学新入生の精神的健康に及ぼす影響

問題と目的

❶大学新入生にとって，新たに形成される友人関係が，適応および精神的健康に大きな影響を与えることが示されてきた。Hays & Oxley（1986）は，ソーシャル・ネットワークに占める学内の友人の割合が，大学への適応と正の相関があることを示した。また，諸井（1986）において，自宅通学者の孤独感は，入学直後には，大学外の入学前からの親友の存在によって主として規定されるが，新たな生活事態への適応が進むにつれて，大学内に新たに形成された同性の親友状態によって主として規定されるようになることが示唆された。これらの結果から，大学新入生にとって，入学後に形成される友人関係が重要であり，その果たす役割は時間が経過するとともに大きくなるといえる。

研究計画書へのコメント

❶ 研究の背景

大学生の友人関係に関する先行研究をあげ，それらの結果から，『大学新入生にとって，入学後に形成される友人関係が重要であり，その果たす役割は時間が経過するとともに大きくなるといえる』と述べています。

❷しかし，入学以前からの友人の影響が強いことも示されている。和田（2001）は，大学1，2年生を対象とし，大学入学以前からの最も親しい友人（以下，旧友人とする），および入学以後の最も親しい友人（以下，新友人とする）の関係性について検討した。その結果，旧友人は親密であり，こころのつながりができている一方，新友人に対しては情報，協力，共行動を求めることが示され，両者は相補的な機能を持っていることが示唆された。この結果から，旧友人も頻繁には会えないが重要な存在であり，精神的健康に影響を与えていると考えられる。

❸一方，友人はソーシャル・サポートの送り手として重要な役割を果たしている。ソーシャル・サポートはストレスを低減する概念のひとつである。これまで友人との関係性はあまり考慮されていなかった。しかし，和田（2001）において，旧友人の重要性が示されていることから，本研究では新友人および旧友人について検討する。

❹また，従来の研究では，ソーシャル・サポートの影響について，1回の調査で議論する研究が多くなされ，時間の経過による変化について，十分に検討されてきたとはいえない。しかし，1回の調査

❷ ❶を発展させる先行研究

『大学入学以前からの旧友人は親密であり，こころのつながりができている一方，入学以後の新友人に対しては情報，協力，共行動を求めることが示され，両者は相補的な機能を持っていることが示唆された』という研究から，『旧友人も頻繁には会えないが重要な存在であり，精神的健康に影響を与えていると考えられる』とまとめています。入学後の友人関係だけではなく，入学以前からの友人の影響が強いことも示し，❶をさらに進めた見解を示しています。

❸ 目的

次に，ソーシャル・サポートの研究をあげた後，研究の目的が書かれています。今までの研究では明らかにされてこなかったものを，今回は研究するという流れになっているので，ソーシャル・サポートの研究がどのように行われてきたのか，先行研究をもとに説明できるようにしておきましょう。

では，サポートが精神的健康に与える影響の変化や，サポートへの期待の変化などについて検討できない。諸井（1986）は，自宅通学者の孤独感について，入学直後には旧友人に大きく影響されるが，時間の経過とともに，新友人からの影響が大きくなることを示している。よって，ソーシャル・サポートが精神的健康に及ぼす影響についても，入学直後は旧友人からの影響が大きいが，時間が経つにつれ，新友人からの影響が大きくなると予測される。

❺ さらに，高橋・馬島（1991）は，人生におけるさまざまな移行では，それまで持っていた対人関係の枠組みが重要な役割を果たすと述べている。このことから，入学以前から，サポートを期待できるような友人関係を築いてきた者は，入学後に形成される友人関係においても，サポートをより期待できると考えられる。つまり，入学直後の旧友人からのサポートは，その後の新友人のサポートに影響すると予測される。そこで本研究では，縦断的手法を用い，新友人および旧友人からのサポートが精神的健康に与える影響がどのように変化するか，また，サポートへの期待がどのように変化するかについて検討する。さらに，入学直後の旧友人からのサポートが，

❹ 先行研究のレビュー

従来のソーシャル・サポートの先行研究の不十分な点を指摘しています。そして，❶で取り上げられている先行研究をもとに，時間の経過に伴う変化を仮説としてあげています。そのため，❸でコメントしたように，ここでも，ソーシャル・サポートの研究について明確にしておくとよいでしょう。

❺ 仮説の提示

先行研究をもとに，仮説を立て，❸と❹で述べられている見解をもとに，縦断的手法を用いた研究法を採用すること，さらに，何を検討するのかが書かれています。

ここでは，先行研究をもとに仮説を立てていますが，この研究についての具体的な内容も十分に理解しておきましょう。

その後の新友人のサポートにどう影響するかについても検討する。❻なお，中村・浦（2000）は，ストレスの頻度が中程度以上の場合，入学から3ヶ月後に新友人に対する信頼が上昇するという結果を得ている。この結果は，一定以上のストレスがある場合，サポートの受け手にとって，サポートを受容することでストレスが緩和されたという経験は，提供されたサポートの重要性を強く認識させるとともに，サポートを提供した人物を将来どのような危機的状況においても好意的に反応してくれる人物であるとする信念を強める可能性を示唆している。よって，ストレスの頻度が異なれば，新友人に対するサポートへの期待の変化が異なると予測されるため，本研究では，ストレスの頻度を分けて検討する。

方法 ❼

　調査対象者　大学新入生

　調査内容　4月の質問紙　(1)友人の特定：「大学入学後に親しくなった，同じ大学に通う同性の友人の中で，最も親しい友人（新友人）」および「大学入学以前から親しい，同じ大学に通っていない同

---

❻ 先行研究のレビュー

さらに，『ストレスの頻度が中程度以上の場合，入学から3ヶ月後に新友人に対する信頼が上昇するという』という先行研究の結果から，ストレスサポートの関係について考えを述べた後，『ストレスの頻度が異なれば，新友人に対するサポートへの期待の変化が異なる』と仮説を立て，ストレスの頻度を分けて検討することを示しています。

これまでと同様に，自分の考えや仮説の根拠となる先行研究ですので，❸～❺でコメントしたところも含めて，先行研究の内容を説明できるようにしておくことが大切です。

❼ 方法

友人の特定として，「大学入学後に親しくなった，同じ大学に通う同性の友人の中で，最も親しい友人（新友人）」および「大学入学以前から親しい，同じ大学に通っていない同性の友人の中で，最も親しい友人（旧友人）」をそれぞれ想定させ，『その

性の友人の中で，最も親しい友人（旧友人）」をそれぞれ想定させ，その人物が確定できるように，質問紙にイニシャルの記入を求める。

(2)現在の友人との関係性：関係継続期間，接触頻度，関係の親密さについて項目を設定し，記入を求める。

(3)ソーシャル・サポート：嶋（1991）のソーシャル・サポート尺度12項目を用いる。

(4)ストレス経験頻度

(5)孤独感：工藤・西川（1983）による UCLA Lonliness Scale (Russel, Peplau, & Cutrona, 1980) の日本語版を用いる。

　7月の質問紙については4月の質問紙と同様の質問項目とし，4月に回答した友人と同一であるかを尋ねる項目を追加する。

（2005字）

引用文献

Hays, R. B. & Oxley, D. (1986). Social network development and functioning during a life transition. *Journal of Personality and Social Psychology*, **50**, 305-313.

工藤力・西川正之（1983）．孤独感に関する研究（Ⅰ）—孤独感尺度の信頼性，

人物が確定できるように，質問紙にイニシャルの記入を求める』と書かれていますが，この方法は，質問に答えているうちに対象がズレてしまったり，ぼやけてしまわないように，人物を特定させるためには有効な方法だと考えられます。

　現在の友人との関係性として，『関係継続期間，接触頻度，関係の親密さについて項目を設定し，記入を求める』と書かれていますが，『関係の親密さ』とは，どのように規定するのでしょうか？　答えられるようにしておくとよいでしょう。

　『(4)ストレス経験頻度』と書かれていますが，これをどのように測るのか，また，ストレスの特定をどのようにするのかについても答えられるようにしておくとよいでしょう。

妥当性の検討― 実験社会心理学研究, **22**, 99-108.
諸井克英（1986）大学新入生の生活事態変化に伴う孤独感 実験社会心理学研究, **25**, 115-125.
中村佳子・浦光博（2000）．ソーシャル・サポートと信頼との相互関係について―対人関係の継続性の視点から―社会心理学研究, **15**, 151-163.
嶋信宏（1991）大学生のソーシャルサポートネットワークの測定に関する一研究 教育心理学研究, **39**, 440-447.
高橋惠子・馬島尚美（1991）．大学新入生の寮生活への適応と愛情関係の型 日本教育心理学会総会発表論文集, **33**, 415-416.
和田実（2001）．性, 物理的距離が新旧の同性友人関係に及ぼす影響 心理学研究, **72**, 186-194.

研究計画書サンプル06

　この研究計画書は，大学新入生の友人関係に焦点を当て，問題提起として，入学後の友人関係だけではなく，入学以前からの友人の精神的影響が強いことを先行研究から示しています。次に，ソーシャル・サポートの研究について，これまで友人との関係性はあまり考慮されていなかったことをあげ，この研究では新友人および旧友人について検討すると述べています。また，今までのソーシャル・サポートの研究が，1回の調査で議論する研究が多くなされ，時間の経過による変化について，十分に検討されてきたとはいえないことを指摘したうえで，時間の経過に伴う変化を仮説としてあげています。また，入学直後の旧友人からのサポートは，その後の新友人のサポートに影響するという仮説を立て，その両者の影響について，縦断的手法を用いた研究法を採用することを提示しています。さらに，ストレスの頻度が異なれば，新友人に対するサポートへの期待の変化が異なると仮説を立てたうえで，ストレスの頻度を分けて検討するという流れになっています。

　この研究計画書は，対象を「大学入学後に親しくなった，同じ大学に通う同性の友人の中で，最も親しい友人（新友人）」および「大学入学以前から親しい，同じ大学に通っていない同性の友人の中で，最も親しい友人（旧友人）」と特定しています。条件を設定することで対象が明確になり，研究の精度が上がる点が，この研究計画書のポイントの1つです。回答する人によって想定する相手が異なるという弊害を避けるような試みをしています。

　先行研究の結果から，従来の研究で明らかになっていることと不十分なことをあげ，一つ一つ仮説を立て，そのうえで自分の考えを述べていることも評価のポイントです。しかし，その先行研究の記述には具体的な内容がわからない箇所があります。それらについて，詳しい内容を十分に理解したうえで説明できるようにしておくことが大切です。

研究計画書サンプル >>> 07

存在受容感と適応傾向が対人摩耗に及ぼす影響

【目的—意義】

❶ 平成19年度の厚生労働省の行った「労働者調査」によると，仕事や職業生活に関する強い不安，悩み，ストレスのうち，最も高いストレスは職場の人間関係の問題である。赤岡・谷口（2009）は教師たちがどのような人間関係にストレスを感じているか調査を行ったところ，彼らが感じていたストレスは対人摩耗に類する出来事であることが示されている。対人摩耗とは橋本（2000）によると，橋本が作成した対人ストレスイベント尺度の下位概念の1つで，日常のコミュニケーションにおいて頻繁に起こる，社会規範からさほど逸脱したものではないが，配慮や気疲れを伴う対人関係がストレスをかけている事態に関するものと定義づけられている。金子・今井・加藤・常本・城（2010）によると，対人摩耗というストレス事態は，表面的に楽しく円滑な友人関係を望むあまり，過度に気を配り，遠

研究計画書へのコメント

❶ 問題の背景・問題提起

問題の背景をあげた後，ストレスに関する先行研究で，対人摩耗という概念を問題提起としてあげています。対人摩耗の定義として『日常のコミュニケーションにおいて頻繁に起こる，社会規範からさほど逸脱したものではないが，配慮や気疲れを伴う対人関係がストレスをかけている事態に関するものと定義づけられている』述べ，『対人摩耗というストレス事態は，表面的に楽しく円滑な友人関係を望むあまり，過度に気を配り，遠慮して率直な自己表明および感情表出が行えない傾向である』と対人摩耗の先行研究をあげています。日常のコミュニケーションにおいて頻繁に起こるものでありながら，あまり研究されていないことを示しています。

慮して率直な自己表明および感情表出が行えない傾向であると述べている。このように対人摩耗によるストレスが多いと言われているのに，対人摩耗の実態を示した研究はあまり見られない。

❷ 一方，自己を抑圧し過剰に外的適応をする概念として「過剰適応」が挙げられる。石津・安保（2007）によると，過剰適応傾向とは環境からの要求や期待に個人が完全に近い形で従おうとすることであり，内的な欲求を無理に抑圧してでも，外的な期待や要求に応える努力を行うことである。山田（2010）によると，適応は幸福感や満足感を経験し心的状態が安定していることを意味する「内的適応」と個人が所属する文化や社会的環境に対する適応を意味する「外的適応」の2つに分類される。したがって，適応という観点からみると対人摩耗によるストレスが多い人は内的適応と外的適応のバランスに問題を抱えているのではないかと考えられる。すなわち，対人摩耗とは円滑な人間関係を築こうとするあまり，過度に気を配ることで内心にストレスを抱えるような事態であるため，対人摩耗によるストレスが多い人は外的適応傾向が高い傾向があるのではないかと考えられる。よって対人摩耗の適応パターンを見ることは対人摩耗場面

❷ 概念の提示

次に，「対人摩耗」に類似の概念として「過剰適応」を提示しています。定義を述べた後，適応には，『幸福感や満足感を経験し心的状態が安定していることを意味する「内的適応」と個人が所属する文化や社会的環境に対する適応を意味する「外的適応」の2つに分類される』ことを述べています。そして，『対人摩耗』を『適応』という概念から説明しています。対人摩耗を内的適応と外的適応のバランスに問題として捉え『対人摩耗とは円滑な人間関係を築こうとするあまり，過度に気を配ることで内心にストレスを抱えるような事態であるため，対人摩耗によるストレスが多い人は外的適応傾向が高い傾向があるのではないかと考えられる』という考えを導いています。そのうえで，対人摩耗を適応パターンで捉えることの意義を述べています。

において高いストレスを感じる人の傾向を理解するのに有意義であると考える。

❸ 内的適応は「個人の主観的世界，現象的内的枠組みにおける適応，自己受容，自尊感情，幸福感」と定義されている（山田，2010）。また高井（2001）によると，他者からの受容感を持つことができている人は自己の存在価値を自覚できている傾向にあり，自己受容や自尊感情を持ち合わせていることが示される。また Rogers（1958）はその心理療法において治癒者が信頼関係や温かさの雰囲気の下，クライアントを受容することによって自己受容へと導いた（高井，2001）。よって他者から受容されているという感覚は自己受容に必要な要件だと示唆される。すなわち他者から受容される感覚は自己受容につながり，その結果内的適応が高まるのではないだろうか。

❹ よって本研究では対人摩耗場面において強くストレスを感じる人は，他者から自分の存在を受容されていないという感覚からそれを補償するために，過剰な外的適応をするのではないかという仮説のもと研究を行う。つまり対人摩耗によるストレスが多い人は内的適応よりも外的適応の方が強く，その要因として他者から受容され

❸ 先行研究のレビュー

内的適応の定義が『個人の主観的世界，現象的内的枠組みにおける適応，自己受容，自尊感情，幸福感』であるということを述べ，そこに自己受容が含まれることに注目しています。そして，自己受容の先行研究をあげ，他者からの受容の影響を示し，『他者から受容される感覚は自己受容につながり，その結果内的適応が高まるのではないだろうか』という考えを導いています。

❹ 仮説の提示

❷と❸で述べられていることをもとに，「適応」「他者からの受容」などの概念から対人摩耗について仮説を提示しています。『対人摩耗場面において強くストレスを感じる人は，他者から自分の存在を受容されていないという感覚からそれを補償するために，過剰な外的適応をするのではないかという仮説のもと研究を行う』という仮説を立て，これを『対人摩耗によるストレスが多い人は内

ているという感覚の低下から招かれると考えられる。したがって他者からの存在受容感を向上させることで内的適応と外的適応のバランスが保たれ，対人摩耗頻度は低下すると想定される。

❺ 対人関係上の気疲れとはコミュニティの中で生活していく以上生じやすい現象である。しかしそのストレスがどのような人，どのような条件で生じやすいかは研究があまりなされていない。本研究によって対人摩耗を理解することは，精神的健康の維持・向上につながると考える。またこの仮説が証明されれば，職場や教育現場など幅広い分野において環境の整備などのサポート体制を見直すことが可能となる。

【方法】❻

　対人摩耗は対人ストレスイベント尺度の下位概念の1つであるため，対人摩耗程度を測定する方法がない。そのため第1研究として対人ストレスイベント尺度をもとに対人摩耗尺度を作成する。第2研究では作成した対人摩耗，適応傾向，他者からの受容感の関係性について調べる。対人摩耗のストレス程度は第1研究で作成した尺

的適応よりも外的適応の方が強く，その要因として他者から受容されているという感覚の低下から招かれると考えられる』と，別の言葉で置き換えています。この段落の最後に『他者からの存在受容感を向上させることで内的適応と外的適応のバランスが保たれ，対人摩耗頻度は低下すると想定される』として，仮説が成立する場合の効果を述べています。

❺ 研究の意義

対人摩耗を理解することの意義をあげ，この研究の現場での実践について言及しています。

❻ 方法

第1研究として，尺度の作成をあげています。『対人ストレスイベント尺度をもとに対人摩耗尺度を作成する』と書かれていますが，尺度の作成方法を理解しているかが問われます。尺度を作成するのはかなりの時間や手間がかかり，相応の手続きも必要です。

第2研究では，質問紙調査を行う

度を用いる。適応傾向に関しては，水渾・長澤（2010）が作成した成人用過剰適用尺度を用いる。また他者からの受容感に関しては高井（2001）が作成した存在受容感尺度を用いる。この研究は職場で働く成人を対象に行う。

(1892字)

【引用文献】

赤岡玲子・谷口明子（2009）．教師の対人ストレスに関する基礎的研究―ストレス経験に関する教師の語り― 教育実践学研究，**14**，159-166

橋本剛（2000）．大学生における対人ストレスイベント分類の試み 社会心理学研究，**13**，64-75

石津憲一郎・安保英勇（2007）．中学生の抑うつ傾向と過剰適応 東北大学大学院教育学研究科研究年報，**55**，271-288

金子和弘・今井有里紗・加藤孝央・常本智史・城佳子（2010）．アサーション行動尺度における信頼性・妥当性の検討 文教大学生活科学研究，**32**，57-66

厚生労働省（2008）．平成19年労働者健康状況調査結果の概況

髙井範子（2001）．他者からの受容感と生き方に関する研究―存在受容感尺度による検討― 大阪大学教育年報，**6**，245-254

山田有紀子（2010）．青年期における過剰適応と見捨てられ抑うつとの関連 九州大学心理学研究，**11**，166-175

と書かれています。最後に，『この研究は職場で働く成人を対象に行う』と書かれています。❶の冒頭に『平成19年度の厚生労働省の行った「労働者調査」によると，仕事や職業生活に関する強い不安，悩み，ストレスのうち，最も高いストレスは職場の人間関係の問題である』と書かれていますが，それ以降は，職場や就労者についての記述がありません。この研究計画書は，「対人摩耗」の概念を説明したり検討したりすることがメインになっています。対象者を「職場で働く成人」とするにあたっての根拠を先行研究をもとに説明できるようにしておく必要があります。また，「職場で働く成人」といっても様々な職業や立場の人がいますが，具体的にどのような対象を想定しているのか，また，その対象者は，研究に協力してもらえるのかなど，実現可能性を確認しておきましょう。

研究計画書サンプル 07

　この研究計画書は，職場において人間関係がストレスとして最も高いという厚生労働省の調査を背景として，「対人摩耗」という概念を説明しています。先行研究をもとに，日常のコミュニケーションにおいて頻繁に起こるものでありながら，あまり研究されていないことを示しています。

　次に，「対人摩耗」という概念がどのようなものなのかを，先行研究をもとに「適応」や「自己受容」という概念から説明しています。そのうえで，対人摩耗についての仮説を立てています。そして，対人摩耗を研究する意義と現場での適用について述べるという展開になっています。

　日常のコミュニケーションにおいて頻繁に起こるものでありながら，あまり研究されていない，また，あまりなじみのない「対人摩耗」の概念を，先行研究が少ない中で，適応や自己受容など他の概念を用いながら説明しています。また，それらをすべて定義づけしながら行っているため，「対人摩耗」の概念や機能が理解できるところが評価のポイントです。概念の説明は詳しいのですが，特に，研究対象である「職場で働く成人」との関連が述べられていません。先行研究をもとに明確にしておきましょう。

　また，尺度作成などの研究法や対象者に関する実現可能性も押さえておいた方がよいでしょう。

研究計画書サンプル >>> 08

営業職向け職場ストレッサー尺度の開発と若手営業職の職場ストレッサー・コーピング方略の特徴の検討

【問題・目的】
❶近年，企業従業員のメンタルヘルス不調が大きな社会問題となっている。特に20代から30代の若手従業員にその増加傾向が見られ，（労務行政研究所，2010），メンタルヘルス不調の対策は急務となっている。企業従業員のメンタルヘルス不調に関する先行研究において，抑うつ状態などの不適応状態は，仕事の量や仕事の質，職場生活における人間関係など様々なストレッサーに対するストレス反応として生じることが明らかになっている（島津・小杉，1998）。また，ストレッサーへの対処方法により，その結果生じるストレス反応に個人差が生じることが指摘されている（小杉，2006）。したがって，企業従業員のメンタルヘルスを検討する上で，不適応症状の原因と

研究計画書に対するコメント

❶ 背景

問題の背景としてメンタルヘルス不調が大きな社会問題となっていることを述べ，企業従業員のメンタルヘルス不調を問題提起としてあげています。さらに，先行研究から，不適応状態は様々なストレッサーに対するストレス反応として生じることを示しています。

ここで，『ストレッサーへの対処方法により，その結果生じるストレス反応に個人差が生じることが指摘されている』という先行研究を引用していますが，これは，これから研究計画書を進めるうえで鍵となる研究です。具体的にどういうことが書かれているのか説明できるようにしておくとよいでしょう。

そして，これらの見解から，問題提起を検討するにあたって，『不適応症状の原因となる職場ストレッサーと対処法に注目することは有益である』という考えを述べています。

なる職場ストレッサーとその対処方法に注目することは有益であると考える。

❷職場ストレッサーは量的ストレッサーと質的ストレッサーに大別できる（小杉，2006）。さらに，小杉（2006）によると，量的ストレッサーは業務量過多と時間的切迫に分類され，質的ストレッサーは役割不明瞭と裁量権不足に分類される。

❸一方，コーピングとはストレッサーに対する認知行動レベルの具体的対処努力のことである（田中・美奈川，2012）。プロセス論に基づいたコーピング研究においては，コーピングはストレッサーの特徴に応じた可変的で状況特異的な方略として捉えられている（真船・小杉，2007）。また，ストレッサーに遭遇した個人の特性や利用可能な資源によってコーピングは変化するとされている（小杉，2006）。

❹ところで，営業職は顧客への訪問によって商品やサービスを販売する仕事であり，企業の競争力の源泉を担う職種である（松浦，2012）。そのため，企業経営に関わる重要な職種であり，独自の特徴を持つことから，他職種とは異なる職場ストレッサーを持つこと

❷，❸ 概念の提示

コーピングの定義を述べた後，この研究で用いるコーピングの概念について提示しています。

❷や❸で述べられているように，いくつかある概念のうち，自分はどの立場で研究をするのか，あるいは，この研究では，どのように定義するのか提示することは大変重要です。特に，複数の定義や立場のある概念を研究する場合は大切です。逆に言えば，「自分の研究ではこの定義を使用する。私はこの立場をとる」と宣言してしまえば，それに沿った研究計画を立てることができるということになります。ただし，いずれにしても，すべて先行研究で示されている概念を用いる必要があります。主観や思いつきでは研究として成立しないので注意しましょう。

❹ 対象の提示

営業職の定義を述べた後，営業職独特のストレッサーの特徴として『業績に結び付いた給与システムを持つ

が推測される。その特徴として，安達（1998）は，業績に結び付いた給与システムを持つこと，および顧客との接触を主とする業務形態を挙げている。

❺営業職のメンタルヘルス不調に関する先行研究において，仲村ら（2005）は，営業職の自尊心の得点が大規模調査結果よりも高く，自尊心の高さが抑うつ症状の有無と関連することを指摘している。また，営業職の職場ストレスに関する先行研究において，田中・松田（2013）は，営業職は総務・人事系の職種よりも量的ストレッサーを受けやすいことを指摘しており，営業職の心理的ストレス反応の推移に注意を払うべきであることを指摘している。

❻このように，営業職は他職種との比較検討において，職種の特異性が指摘されている。しかし，これまで営業職に特化した研究は十分に行われていない。また，調査においては他職種と同じ職場ストレッサー尺度が用いられており，営業職独自の職場ストレッサー尺度の開発は行われていない。

❼さらに，勤続年数が短い者は質的ストレッサーをより多く自覚しやすいことが先行研究にて示されている（米原・種市・小杉，

こと，および顧客との接触を主とする業務形態』をあげています。

❺ 先行研究のレビュー

研究の対象である営業職について，メンタルヘルス不調に関する先行研究をレビューしています。

その中で，『営業職の自尊心の得点が大規模調査結果よりも高く，自尊心の高さが抑うつ症状の有無と関連することを指摘している』という先行研究をあげていますが，具体的にどのような研究かを明確にしておきましょう。『営業職は総務・人事系の職種よりも量的ストレッサーを受けやすいことを指摘しており，営業職の心理的ストレス反応の推移に注意を払うべきである』ということを示している先行研究についても説明できるようにしておくといいでしょう。営業職のストレスの特徴を示す先行研究ですので，これらは詳しく説明できるようにしておいた方がいいと思います。

2002)。勤続年数が短い者の多くは若手従業員に相当するが，先行研究においては1つの企業の従業員全体（例えば島津・小杉，1998）もしくは管理職（例えば佐野・田中，2012）などを研究の対象としており，これまで企業の若手従業員に関する研究はあまり行われてこなかった。組織の永続性を保つためには若手従業員の育成による人材の確保が必要である（尾形，2006）ため，若手営業職の職場ストレスに注目した研究は重要であると考える。

❽そこで本研究は，営業職の特徴に応じた職場ストレッサー尺度の開発を通して，若手営業職が職場生活で感じる量的ストレッサーと質的ストレッサーの内容について検討するとともに，職場ストレッサーに対するコーピング方略の関連について検討することを目的とする。

【方法】❾
①職場ストレッサーに関する予備調査と項目案の作成
　対　象：一般企業に勤める営業職
　調査方法：自由記述質問紙を用いて調査を行う。具体的には「職

❻ 研究の意義

❹と❺の先行研究で得られた見解から，『営業職は他職種との比較検討において，職種の特異性が指摘されている』ことをあげ，そのうえで，『これまで営業職に特化した研究は十分に行われていない』ということを指摘して，この研究の意義を示しています。また，これまでの研究成果を整理し，明らかになっていない点や不十分な点をあげ指摘しています。

❼ 研究の対象

研究の対象者について，先行研究で明らかにされていることを述べています。そのうえでこれまでの研究では明らかにされていないが，若手従業員に関する研究が必要なことを示しています。

❽ 目的

❷〜❼で述べられていることに基づき，研究の目的を述べています。『営業職の特徴に応じた職場ストレッ

場において業務遂行上，嫌だ・辛い・ストレスだと感じたこと」について記述を求める。その後，KJ法による項目の分類を実施し，質問紙の項目を作成すると共に，項目の信頼性および妥当性について項目分析を行う。

②本調査

対　象：一般企業に勤める20代から30代の営業職

調査方法：①の手続きにより構成された「営業職向け職場ストレッサー尺度」，職場ストレススケール改訂版（小杉ら，2004）の下位尺度である「心理的ストレス反応尺度」および「コーピング尺度」を使用する。得られた結果から，若手営業職が職場生活で抱える量的ストレッサーと質的ストレッサーの特徴を検討すると共に，コーピング方略とストレス反応との関連について検討する。

【意義】⑩

集団の特徴に応じた適切なストレスマネジメントを行うためには，性別・職種別など様々な視点から集団を分析し，そのストレス状態の特徴を把握することが必要となる（小杉，2006）。そのため，本

サー尺度の開発』を通して，『若手営業職が職場生活で感じる量的ストレッサーと質的ストレッサーの内容についての検討』『職場ストレッサーに対するコーピング方略の関連についての検討』があげられています。これらはすべて，先行研究をレビューして得られた見解から行き着いた目的になっています。

⑨ 方法

最初に予備調査，次に本調査について書かれています。対象者として，予備調査では一般企業に勤める営業職，本調査では一般企業に勤める20代から30代の営業職をあげていますが，フィールドはあるのか，調査に協力してもらえるのかが問われます。特に，尺度作成にあたってはかなりのサンプル数が必要になります。

また，尺度を作成するのはかなりの時間や手間がかかり，相応の手続きが必要です。修士論文ではハードルの高い研究といえます。尺度の作成の仕方を理解できているかどうか

研究は若手営業職が抱えやすい問題に対する理解を深め，問題に対する具体的介入方針を示すことにより，企業におけるメンタルヘルス対策の方向性や方略を提案できる点で有益である。

（2114字）

が問われます。説得力のある回答ができるようにしておきましょう。

⑩ 研究の意義

　先行研究をもとに，自分の研究の臨床的意義を示しています。この研究は対象を若手営業職として限定していますが，その意義を，この先行研究をもとに示しているのです。基本的にストレスコーピングなどの研究は，対象を限定しない，より一般的な尺度を用いて研究をしているものが多くみられます。その中で，対象を限定して尺度を作成したうえで，若手営業職が抱えやすい問題を検討しようとすることが，この研究のオリジナリティでもあります。

　大学指定の用紙等がある場合には引用文献を書くスペースがないこともありますが，本来は引用文献を入れるのが原則です。「第2章 Ⅲ 研究計画書の形式」に明記したように，引用文献は別紙や資料として添付するようにしましょう。

研究計画書サンプル 08

　この研究計画書は，企業従業員のメンタルヘルス不調を問題提起としています。問題提起を検討するには，不適応症状の原因となる職場ストレッサーと対処法に注目することが有益であることを示して，先行研究のレビューを進めています。そして，この研究で用いる職場ストレッサーの概念とコーピングの概念を提示しています。次に，営業職を対象にするということを提示し，営業職の定義を述べた後，営業職独特のストレッサーの特徴をあげています。それらの見解をもとに，営業職のストレス研究で明らかにされていることと不十分なことを指摘し，営業職独自の職場ストレッサー尺度の開発を研究の目的として提示しています。また，作成した尺度をもとに，20代～30代の若手営業職が職場生活で抱える量的ストレッサーと質的ストレッサーの特徴を検討するとともに，コーピング方略とストレス反応との関連について検討するという研究の目的を述べています。

　この研究計画書のポイントの1つが，定義を明確にしている点です。❸でもコメントしましたが，「職場ストレッサー」「コーピング」「営業職」など，自分の研究で述べるキーワードについて定義を述べ，立場を明らかにすることで，何を研究するのかが明確になっています。また，それらのキーワードの定義に加え，研究の対象を営業職にすることや，20代～30代の若手にすることなどを，一つ一つ先行研究を用いて示している点も評価のポイントです。また，その際，先行研究で明らかになっている点と不十分な点も示しています。これらの丁寧な書き方により，研究計画の内容や目的が明確であるとともに，この研究の必要性や意義などについて説得力が得られるのです。

　一方，研究の対象者についての実現可能性や，尺度作成についての理解なども重要なポイントになってきますので，しっかり押さえておきましょう。

研究計画書サンプル >>> 09

①研究のテーマ❶
家庭との時間が作れない父親の母親とのコミュニケーションによる育児不安との関連

②研究目的
❷育児不安に関する研究は，1980年代から始まり，育児不安の要因についても，いくつかの研究がこれまでに行われてきている（吉田，2012）。これまでの研究では，母親の自己イメージと育児不安の関連や[2]，夫婦のコミュニケーションを母親がコントロールできていたり，近所づきあいなど家族以外の人との会話が多かったりする母親は育児不安が低いことが確認されている（牧野，1982）。近年においても同様，母親が父親とのコミュニケーションを通して，母親が比較的思いのまま話せる環境が整われていれば，育児不安が低い傾向にあるとされている（石・桂田，2006）。2012年6月に行われた中央調査報の「父親の育児参加に関する世論調査」によると，「父

研究計画書へのコメント

この研究計画書は，論文の体裁や引用文献の表記の仕方が特殊です。書式等を指定している大学がありますので，表記の仕方が違うものもあります。文中での引用が「[1) 2)]」というように文末に書かれているため，「誰が何を言っているのか？」などが，文章だけではわからない箇所があります。ここにあるような書式を指定された場合には，面接時に，引用について具体的に答えられるようにしておいた方がよいでしょう。特に指定のない場合は，第1部第2章で示した書式に従って作成する方がよいでしょう。

❶ タイトル

「研究テーマ」とありますが，これはタイトルと捉えてよいでしょう。

❷ 背景

問題の背景として「育児不安」をあげ，それを低減する要因の中で，「夫婦のコミュニケーション」に焦

親も母親と育児を分担して，積極的に参加すべき」と考える父親が年々増加傾向にあることを明らかにしているが，その一方，「仕事におわれて，育児をする時間がとれないから」と考え，育児参加しない父親も増加傾向にあることも示している。他方，「六歳未満児のいる夫の家事・育児関連時間の国際比較」(男女共同参画白書　平成23年度版)によると，日本の夫は一日当たり，平均でわずか33分という短い時間しか育児に関っていないという現状があると北脇は述べている[6)7)]。さらに，調査対象の5割以上が一日の育児時間は0〜15分という状況である[6)7)]。このような現状から，「父親不在」や，「母子密着状態」が作り出され，父親の存在が極めて薄れていることが推測される[6)7)]。佐々木(2012)は，「現在の厳しい社会経済情勢のなかでは，男性の雇用状況や労働環境，子育てに参加しやすい職場環境への改善に向けた対策が急速にはかられることは困難であり，父親自身や個々の家庭での工夫が求められる状況にあるといえよう。」と述べている[8)]。❸さらに，夫婦のパートナーシップと父親の育児関与との間には密接な関係があり，夫婦の仲が良好で2人の間のコミュニケーションもうまくとれているという状態が，

点を当てています。その効果を示す先行研究をあげたうえで，「父親の育児参加に関する世論調査」で父親の育児参加の現状を示しています。積極的に育児参加を考える父親が年々増加傾向にある一方で，育児参加しない父親も増加傾向にあることを述べています。そして，「六歳未満児のいる夫の家事・育児関連時間の国際比較」で，育児参加をしない日本の父親の現状を具体的に示したうえで，『現在の厳しい社会経済情勢のなかでは，男性の雇用状況や労働環境，子育てに参加しやすい職場環境への改善に向けた対策が急速にはかられることは困難であり，父親自身や個々の家庭での工夫が求められる状況にある』という先行研究をあげ，問題提起をしています。

❸ 研究の意義

ここまでのところで，育児不安を軽減する要因として，夫婦間のコミュニケーションなどの重要性をあげています。一方で，父親の育児参加が困難である状況を種々の先行研

父親のわが子への愛着や育児に向かう気持ちを促す要因の一つとなると酒井は述べている[9]。しかしながら、こうした夫婦間のコミュニケーションの重要性が伝えられているにも関らず、止むを得ない事情で時間が取れない父親の母親に対する接し方について、具体的な検討を重ねている研究は少ないのである。そのため、家族と関る時間がほとんど取れない父親と母親のコミュニケーションについて注目し、その高低を調査し、母親の育児不安との関連があるかどうかについて検討することが有益であると考える。❹本研究では複数あるコミュニケーション方法の中で、自分に自信がなく、周りに合わせて自分の気持ちや思いを抑える行動特性をもつ否定的な自己イメージが育児不安を強めやすいことが分かった」と眞崎らが述べていることに注目し[2]、特に父親が母親に対して、日々感謝の気持ちを言葉で伝えているかどうかに焦点を当てて検討したい。三輪らは新卒看護師の職場適応に関する研究の中で、患者から感謝されると看護師は肯定的な反応として自信を抱き、職場適用に影響していることを示している[10]。❺このような研究から、感謝の言葉は他者からの賞賛・承認が得られることを意味し、人間の存在価値を高

究から示し、その現状をふまえたうえで、「止むを得ない事情で時間が取れない父親の母親に対する接し方」に焦点を当て、この研究の意義を述べています。これがこの研究計画のオリジナリティになっています。

❹ 研究の目的

育児不安を軽減する方法として、『父親が母親に対して、日々感謝の気持ちを言葉で伝えているかどうかに焦点を当てて検討したい』と書かれています。その根拠に「新卒看護師の職場適応に関する研究」をあげています。夫婦など家族と、看護師と利用者といったヒューマン・サービスの関係とは、その関係性も機能も異なります。看護師の研究結果を夫婦間のコミュニケーションの研究に適応できるかが問われるでしょう。必要に応じて他の先行研究の見解なども取り入れ、説明できるようにしておきましょう。また、「検討したい」ではなく「検討することを目的とする」にした方がよいでしょう。

め自信を得るきっかけになるものと考えられる。だとすれば，父親が母親に感謝することにより，母親も肯定的な反応として自信を抱く可能性を予測できる。それが実証できれば，育児不安に直面している母親にとって子育ての安心材料になり，なおかつ，家庭のことを気にかけていながら，家庭に時間を割くことができない父親でも行える有効な方法になりうると考える。

③研究方法 ❻

　父親が家庭に時間が取れない状況にある母親を対象とし，地域に存在する子育て民間サークルに調査を依頼。母親に対して日々感謝の気持ちを伝えている父親と，そうでない父親の2群に分け，以下の方法で検討する。

研究方法①：質問紙法による調査
　母親の育児に自身が持てているかを確認するものとして，奥富らが作成した『「育児自信尺度」および「育児不安感の尺度」(2007)』を使用し，これら2群に有意差がみられるかを検對する[11]。

❺ 研究仮説と臨床的意義

　❹に書いた看護師の研究から，『感謝の言葉は他者からの賞賛・承認が得られることを意味し，人間の存在価値を高め自信を得るきっかけになるものと考えられる』と一般化して，『父親が母親に感謝することで，母親が自信を抱き，育児不安が軽減される』という仮説をあげ，これが実証されることで，家庭に時間を割くことができない父親でも行える有効な方法になると臨床的意義を述べています。❹にもコメントしましたが，新任看護師の研究が一般化でき，それが夫婦間でも適応できることをいかに説明できるか，が鍵になります。また，いくつか口語的な表現があります。「だとすれば」は「したがって」に，「それが実証できれば」は「それを実証することにより」に，「考える」は「考えられる」にした方がよいでしょう。

❻ 研究方法

「地域に存在する子育て民間サーク

研究方法②：半構造化面接による調査
　半構造化面接によって，質問紙法による調査結果を裏付ける回答が得られるかを検討する。質問する内容は，父親の感謝の有無，自信，育児不安などに関するエピソードを尋ねるものとする。父親からの感謝の言葉によって具体的にどのような肯定的感情を抱いているかを個別に調査する。

（1894字）

引用文献

1) 吉田弘道．育児不安研究の現状と課題．専修人間科学論集　心理学篇．2012；2(1)．1-8
2) 眞崎　由香，橋本　佐由理，奥富　庸一，池田　佳子．就学前幼児を育てている母親の自己イメージと育児不安の関連．小児保健研究．2011；70(6)．725-730．
3) 牧野カツコ．乳幼児をもつ母親の生活＜「育児不安」＞．家庭教育研究紀要．1982；3：43-56．
4) 石　暁玲，桂田恵美子，夫婦間コミュニケーションの視点からの育児不安の検討：乳幼児をもつ母親を対象とした実証的研究　母性衛生．2006；47：222-229．
5)「父親の育児参加に関する世論調査」．中央調査報．2012；659；5809．

ルに調査を依頼」とありますが，調査が可能なのかどうかが問われます。また，家庭に時間が取れない父親のうち，母親に対して日々感謝の気持ちを伝えている父親と，そうでない父親の2群に分けると書かれていますが，比較検討する際，どのくらいのサンプル数になるのかも明確にしておきましょう。

6)「男女共同参画白書」平成23年度版．内閣府 男女共同参画局/編．中和印刷．2011年6月．
7) 北脇雅美．父親の育児参加に関する研究．保育研究．2012；40：37-42
8) 佐々木卓代．男性の育児意識と育児参加．小児看護．2012；35（10）：1299-1304．
9) 酒井彩子．乳幼児の父親の心理 〜妊娠期からの変化〜．小児看護．2012；35（10）：1288-1293
10) 三輪 聖恵，志自岐康子，習田 明裕．新卒看護師の職場適応に関連する要因に関する研究．日本保健科学学会誌．2012；12（4）：211-220
11) 奥富庸一，橋本佐由理，池田佳子．「育児不安」および「育児不安感」の尺度作成に関する研究．日本精神保健社会学会年報 2007；13：38-49

研究計画書サンプル09

　この研究計画書は，育児不安を問題の背景として，育児不安を低下させる要因として母親と父親とのコミュニケーションの重要性をあげています。父親の育児参加の必要性が取り上げられていますが，一方で，それが困難な日本の現状を示し，家族と関わる時間をほとんど取れない父親が，母親に対して日々感謝の気持ちを言葉で伝えているかどうかに焦点を当てています。父親が母親に感謝することにより，母親も肯定的な反応として自信を抱くという仮説を検証することで，育児不安に直面している母親に対して，家庭に時間を割くことができない父親でも行える有効な方法となりうるという臨床的な意義を提言する展開になっています。

　研究計画の展開は論理的で，問題提起から研究仮説までの流れ，そして研究の臨床的意義，さらに研究法まで，すべて先行研究をもとに述べられている点が評価のポイントになっています。文体が口語体になっているところがいくつかありますが，論文調の言い回しの方がいいでしょう。また，場合によっては，他の先行研究などを用いて補う必要もありますので，準備をしておいた方がいいでしょう。

　この研究のポイントは，家庭に時間を割くことができない父親に焦点を当てた点です。父親の育児参加が母親の育児不安を軽減するとしても，それを実現するのはなかなか難しいのが現状です。それに対して，家庭に時間を割くことができない父親でもできる方法を提案することは，より実現可能な方法になり得ます。そこがこの研究の意義であるといえます。

研究計画書サンプル >>> 10

心理臨床実践への課題について

❶ 近年,わが国では,高齢化が深刻な社会問題となっている。2011年版高齢社会白書によると,65歳以上の高齢者人口は,2,958万人となり,総人口に占める割合(高齢化率)が23.1%となった。一方,高齢者人口と15〜64歳の生産年齢人口(現役世代)の比率をみてみると,1960年では,1人の高齢者人口に対して現役世代が11.2人だったが,2010年では2.8人であり,2055年には1.3人になると予想される。つまり,現役世代1人が高齢者を支える負担が大きくなることは明らかである。さらに高齢者の増加に伴って,何らかの介護を必要とする高齢者の数も相対的に増加することが予想される。この介護問題の背景として,医療技術の高度化などに伴う長寿化と介護期間の長期化,核家族化や扶養意識の変化に伴う家族機能の低下等が挙げられる。

❷ 2000年には家族が中心になって行ってきた在宅介護を社会化

研究計画書へのコメント

❶ 問題の背景

高齢社会白書をもとに,日本の高齢者人口と総人口に占める高齢者の割合,さらに高齢者人口と15〜64歳の生産年齢人口(現役世代)の比率を示したうえで,自分の推察を書いています。単に高齢者人数の増加を示すだけでなく,高齢者人口と15〜64歳の生産年齢人口(現役世代)の比率の推移をもとにして介護者の負担をあげている点が,根拠として妥当性の高いものになっています。

次に,『この介護問題の背景として,医療技術の高度化などに伴う長寿化と介護期間の長期化,核家族化や扶養意識の変化に伴う家族機能の低下等が挙げられる』と書かれていますが,これは誰の考えでしょうか。高齢社会白書なのか,自分の考えなのか,それとも別の先行研究に書かれていたものなのかを示す必要があります。自分の考えの場合,書かれ

することがめざされて介護保険制度が施行されたが（田辺，2009），2006年の介護保険制度の改訂では，2000年時とは逆に，施設や病院よりも住宅での介護に重点が移行されつつある。そのため，依然として在宅介護の負担が軽減することはなく，介護のほとんどを家族が担っているのが実状である。今後は高齢人口の増加に伴い，在宅介護負担がさらに増加する可能性もあり，家族による在宅介護の負担問題は，将来的にも検討が必要な課題であると考えられる（田辺，2009）。

❸ そこで，家族介護者の介護負担感にはどのような要因が影響しているのかを明らかにするために，様々な研究がなされている。東野（2005）は，要援護高齢者の問題行動と家族介護者の介護負担感の関連性について検討している。また東野・中島・張・大夛賀・筒井・中嶋・小山（2010）は，在宅要介護高齢者の主介護者を対象に，彼らの介護負担感と精神的健康との関連性について続柄別に検討している。さらに河野・松田（2004）は，介護負担感を客観的負担感と主観的負担感と2つの概念に分け，主観的負担感と高齢者理解との関係をとりあげている。以上のように，介護負担感に影響する要

ていることの根拠を説明できるようにしておくことが大切です。

❷ 問題提起

❶で示されている問題の背景をもとに，問題提起を明確にしています。
　介護保険制度の経緯を示し，在宅介護の負担を述べています。さらに，『家族による在宅介護の負担問題は，将来的にも検討が必要な課題であると考えられる』ということを先行研究で示し，自分の研究目的へとつなげています。

❸ 先行研究のレビュー

家族介護の負担感に関する先行研究がレビューされています。
　レビューの最後に『以上のように，介護負担感に影響する要因として様々な見解がある』と書いたうえで研究の目的を述べています。ここであげた先行研究がなぜ必要なのか，この研究の目的とどのように関係しているのかが見えてきません。先行研究のレビューでは，自分の研究を行う背景として，どのようなことが

因として様々な見解がある。そこで本研究では，介護負担との関連性として家族介護者と要介護者の人間関係に注目する。介護が必要になった高齢者も，住み慣れた家と地域社会の中で生活していくためには，まず家族の介護が必要となる。ところが，家族の介護負担は軽いものではなく，要介護者と家族介護者のストレスはその人間関係を損ないかねない。そこで本研究では，在宅介護において，家族介護者と要介護者の関係性が介護負担感に及ぼす影響について検討を試みたい。ここでの要介護者とは，要介護高齢者を中心に考察するものとする。また，関係性とは，信頼関係，コミュニケーションのことを表す。

❹ 卒業論文では，在宅介護における家族の介護負担感について，文献研究を行っている。その研究をもとに大学院での研究は質問紙法により実証的な研究を行う。調査内容は，家族介護者と要介護者間の信頼関係やコミュニケーションの程度を計るものとする。調査は，デイサービスやショートステイなどのサービスを利用している要介護高齢者の家族介護者を対象とする。

❺ 今後，介護を必要とする高齢者を抱える家族にとって，精神的・

知られているのかということを明らかにするために，これまでの研究成果を整理し，まだ明らかになっていない点や，不十分な点を指摘することになります。その結果，「こういう目的で研究を行う」ということがわかるようにしましょう。

また，『～したい』という表現は論文調ではないので，『そこで本研究では…介護負担感に及ぼす影響について検討することを目的とする』とした方がいいでしょう。

目的の後に，「要介護者」と「関係性」について定義づけしています。このように自分の研究では，どのように定義するのかを明確にしておくことで，対象が限定され，論点がずれたりぼやけたりすることを防いでくれます。

❹ 調査内容・対象

卒業論文で文献研究を行っていたため，今回は，実証的な研究を行うことが述べられています。卒業論文で文献研究をしていたのであれば，その内容についても聞かれる可能性

> 肉体的な介護負担問題，介護にかかる費用負担や介護者の就労困難といった経済的問題等の様々な社会生活上の負担が増加することが予想される。よって，家族にのみ介護負担が集中しない体制づくりが望まれるのであるが，いかに家族が健康的で閉鎖的にならずに介護が継続できるか，さらに地域社会との連携がとれる介護が実現できる環境づくりが必要である。家族は自治会の催し物や講習会等に参加し，情報収集，情報交換，あるいはサービスを利用する等，積極的に外部との接触を試むことができるような意識改革も必要である。先にも触れたように，在宅での介護は家族の協力が必要不可欠であるため，家族と要介護者の関係によって，家族の介護に対する負担の感じ方が異なると考えられる。また家族全員が，協力できる体制を意識し，意思疎通を図れる信頼関係を築く努力が大切である。主目的を達成するために介護の状況についての実態も合わせて調査し，より有効な介護の在り方について検討する。その結果として，介護者ひとりで責任を背負い込み，義務感や諦めから介護役割を引き受けるという意識を 少しでも減らせる心理的支援体制を作り上げるための一助としたい。
>
> （1799字）

があります。❸についても同様です。

次に調査内容と対象者が書かれています。『調査内容は，家族介護者と要介護者間の信頼関係やコミュニケーションの程度を計るものとする』と述べられていますが，具体的にどのような方法を考えているのかを明確にしておきましょう。『デイサービスやショートステイなどのサービスを利用している要介護高齢者の家族介護者を対象とする』と述べていますが，具体的なフィールドは確保できているのか，研究に協力してもらえるのかが問われます。

❺ 研究の仮説・意義

『今後，介護を必要とする高齢者を抱える家族にとって…また家族全員が，協力できる体制を意識し，意思疎通を図れる信頼関係を築く努力が大切である』までの文は，誰の考えなのか明示しておく必要があります。また，全体のバランスからみてこの箇所の文章量が多くなっています。少し短くし，詳細は❸の先行研究のレビューの中で述べることをお勧め

引用文献

東野定律（2005）．在宅要援護高齢者の問題行動と主介護者の介護負担感の関係　日本保健科学学会誌　7（4）250-256

東野定律・中島　望・張　英恩・大夛賀政昭・筒井孝子・中嶋和夫・小山秀夫（2010）．続柄別にみた家族介護者の介護負担感と精神的健康の関連性　経営と情報　22（2）97-108

河野禎之・松田　修（2004）．高齢者を介護する家族の高齢者理解が主観的負担感に与える影響　東京学芸大学教育学部付属教育実践総合センター研究紀要　28　91-100

内閣府（2011）．高齢社会白書（平成23年版）．ぎょうせい．

田辺毅彦（2009）．家族介護者の在宅介護負担の現状とその対策―北海道T町における介護負担調査および介護に関する啓発活動の効果　北星学園大学文学部北星論集　47（1）53-62

します。

　最後に『その結果として，介護者ひとりで責任を背負い込み，義務感や諦めから介護役割を引き受けるという意識を，少しでも減らせる心理的支援体制を作り上げるための一助としたい』と研究の意義が書かれていますが，❸でもコメントしたように『一助としたい』よりも，『…ための一助となることが期待される』『…ための一助になると考えられる』などの表現にした方がよいでしょう。

研究計画書サンプル 10

　この研究計画書は，高齢社会白書をもとに，日本の高齢者人口と総人口に占める高齢者の割合，さらに高齢者人口と 15 〜 64 歳の生産年齢人口（現役世代）の比率を示し，問題の背景を提示したうえで，介護者の負担をあげています。さらに，家族による在宅介護の負担が今後さらに増加することを示し，将来的に検討が必要な課題であるということを先行研究で示し，自分の研究目的へとつなげています。

　次に，家族介護の負担感に関するさまざまな先行研究がレビューされ，家族介護者と要介護者の関係が介護負担感に及ぼす影響について検討を試みるという研究の目的を述べています。さらに，研究仮説と意義を述べるという展開になっています。現在の日本の状況を鑑みても，社会的に意義のある研究であるといえます。

　研究計画は，それぞれの文章に対して，誰の考えなのか，どこに書かれているのかを明確にする必要があります。卒業論文で行った文献研究の結果を交えながら説明できるようにしておくとよいでしょう。また，研究の実現可能性として，デイサービスやショートステイなどのサービスを利用している要介護高齢者の家族介護者に研究に協力してもらえるのかが問われますので，確認しておく必要があります。

研究計画書サンプル >>> 11

青年期における攻撃性と孤独感の関係

❶近年，若者による犯罪がメディアによってしばしば報道されている。その原因として，人と人との関係の希薄さによって感じられる現代社会における孤独感や周囲からの否定的評価などがとりあげられている。また，インターネットの普及なども人間関係を希薄にさせてしまう原因のひとつであろう。

❷前田（1995）の児童期の仲間関係と孤独感の研究においては，攻撃性は周囲から孤独感を感じている児童が最も高く，周囲から人気のある児童が最も低いとされている。James, V. P., Daniel, P. & Neil, M.（1985）の孤独感と攻撃行動の研究においても，孤独感と攻撃性の間に正の関連がみられている。James et al. の研究対象は主に大学生となっている。したがって，児童期・青年期のどちらにおいても，攻撃性と孤独感の関連が推測される。また，Sofia, B., Gonzalo, M., Sergio, M. & Javier, P.（2008）の研究でも攻撃性と

研究計画書へのコメント

❶ 問題の背景

人間関係の希薄さを述べ，この研究のテーマである「孤独感」へとつなげていますが，これらは誰が述べたことなのか明示しておいた方がよいでしょう。

❷ 先行研究のレビュー

孤独感と攻撃性の関係について述べられている先行研究をレビューしています。先行研究で明らかになっている「攻撃性と孤独感の間に正の相関がある」ことを述べ，そのうえで，『これらの研究は攻撃性の内容（身体的攻撃・言語的攻撃など）については調べられていない』と明らかになっていない点をあげています。その際，攻撃性を身体的攻撃と言語的攻撃に分類することの意味などを先行研究を使って示す必要があります。攻撃性の先行研究の中に見当たらないのであれば，他の概念の研究などを用いて説明してもよいで

研究計画書サンプル >>> 11

孤独感の間に正の相関があると判断している。しかし，これらの研究は攻撃性の内容（身体的攻撃・言語的攻撃など）については調べられていない。❸また，メディアなどを通して紹介される犯罪の動機などから類推すると，突発的な身体的攻撃行動を行う若者は，日頃孤独感を感じており，むしろ日常的な攻撃行動がみられない人に多いように思われる。したがって，犯罪にみられるような身体的攻撃は「突発的な身体的攻撃」と日常的に攻撃行動のみられる「慢性的な身体的攻撃」に分類することが必要と思われるが，そのような視点を入れて孤独感との関連を調べた研究も見受けられない。❹そこで，本研究では身体的攻撃を(i)「突発的な身体的攻撃」と(ii)「慢性的な身体的攻撃」に分けて調査を行う。また，相手を直接批判したり非難したりするような(iii)「直接的な言語的攻撃」・相手を直接批判したり非難したりせずに本人のいない所で批判や非難をするような(iv)「間接的な言語的攻撃」・仲間はずれや無視をするなどの(v)「関係性攻撃」に分けて検討する。孤独感に関しては友人関係におけるものだけではなく，家族関係におけるものについても調査する。そして，人間関係を希薄にする原因の一つであるインターネットにつ

❸ 先行研究のレビュー

メディアをもとに，『犯罪にみられるような身体的攻撃は「突発的な身体的攻撃」と日常的に攻撃行動のみられる「慢性的な身体的攻撃」に分類することが必要と思われるが，そのような視点を入れて孤独感との関連を調べた研究も見受けられない』と，身体的攻撃について見解をさらに進めています。

メディアで取り上げられていることを問題意識としてあげるのはよいですが，これについても先行研究を用いて根拠を示す必要があります。心理学以外の他領域の先行研究を用いてもかまいませんので，説明できるようにしておきましょう。

❹ 研究の目的・意義

❸で述べられている「身体的攻撃」に加え，「言語的攻撃」についても，「直接的な言語的攻撃」「間接的な言語的攻撃」「関係性攻撃」に分類して検討するというように，見解を進め

いても使用時間および使用用途を調査し攻撃性との関係を検討する。また、孤独感と攻撃性の関係を調べることは、孤独感が高い生徒への早期的な援助を行い、突発的な身体的攻撃を防ぐことに益すると思われ、教育場面においても役立つと考えられる。

❺方法

【研究1】 攻撃性尺度の作成

　本研究で「間接的な言語的攻撃」は陰口を言う・掲示板に悪口を書き込むなどの間接的な言語的攻撃を対象として扱うが、既存の尺度では「関係性攻撃」と混同させたような質問項目となっているため本研究で測定したいものを測定できない。また、本研究で「関係性攻撃」は仲間はずれ・無視などを対象とする。さらに、既存の攻撃性尺度では本研究で測りたい「突発的な身体的攻撃」・「慢性的な身体的攻撃」・「言語的攻撃」・「間接的な言語的攻撃」・「関係性攻撃」全てを含んだ尺度がない。そのため、新しい攻撃性尺度を作成する。

【研究2】 友人関係における孤独感と家族関係における孤独感尺度

ています。また、「孤独感」についても「友人関係」だけではなく「家族関係」を調査することが書かれています。さらに、『人間関係を希薄にする原因の一つであるインターネットについても使用時間および使用用途を調査し攻撃性との関係を検討する』と述べ、研究の意義をあげています。

　❷でも同様のコメントをしましたが、「言語的攻撃」を3つに分類する根拠について、先行研究を用いて説明する必要があります。また、「友人関係」と「家族関係」について調査することで、何がわかるのかも先行研究から説明するようにしましょう。『人間関係を希薄にする原因の一つであるインターネット』と書かれていますが、その根拠についても先行研究を用いて明確にしておきましょう。

❺方法

　研究1が攻撃性尺度の作成、研究2が友人関係における孤独感と家族関係における孤独感尺度の作成と書

の作成

既存の尺度に『異なった関係における孤独感尺度（広沢・田中，1984）』がある。しかし，メール・インターネット・携帯の普及など昔と現在では人間関係の具体的なあり方が異なってきているため新たに尺度を作成する。

【研究3】　友人関係における孤独感，家族関係における孤独感，攻撃性，インターネット使用時間および使用用途の関係

研究3では中・高校生を対象とし，研究1・2で作成した尺度を用いて攻撃性と各孤独感について測定する。また，中・高校生がどの程度インターネットを使用し，どのような目的で使用しているかを調査する。最近では武器と成りえるもの（刃物等）が簡単に入手できるようになっているためインターネット上で販売しているのを見たことがあるかなどについても調査する。これらの調査の結果から図1のように友人関係における孤独感の高群―低群，家族関係における孤独感の高群―低群を抽出し攻撃性との相関関係を分析した後，重回帰分析・パス解析を行う。それぞれインターネットとの関

かれています。尺度を作成するのはかなりの時間や手間がかかります。また，相応の手続きも必要です。尺度の作成の仕方を理解できているかどうかが問われます。また，1つの尺度でもかなりの時間がかかりますが，この研究では2つの尺度作成をあげています。実現可能性についてより一層問われることになります。研究3では，『中・高校生を対象とし，研究1・2で作成した尺度を用いて攻撃性と各孤独感について測定する』と書かれていますが，研究1と研究2の対象者についても明記しておきましょう。また，中学校や高校へ依頼しても，難しい場合がほとんどです。対象者を確保できているのかは，実現可能性にとって重要です。これについても確認しておきましょう。

係についても検討する。

(1702字)

❻

```
┌──────────────────────┐      ┌──────────────────────┐
│       孤独感          │      │       攻撃性          │
│ ┌──────────────────┐ │   ┌─→│ ┌──────────────────┐ │
│ │友人関係における孤独感│ │  │  │ │ 突発的な身体的攻撃 │ │
│ ├──────────────────┤ │──┤  │ ├──────────────────┤ │
│ │家族関係における孤独感│ │  ├─→│ 慢性的な身体的攻撃 │ │
│ └──────────────────┘ │  │  │ ├──────────────────┤ │
└──────────▲───────────┘  ├─→│ 直接的な言語的攻撃 │ │
           ┊               │  │ ├──────────────────┤ │
┌──────────┊───────────┐  ├─→│ 間接的な言語的攻撃 │ │
│インターネットの使用形態│  │  │ ├──────────────────┤ │
│ ┌──────────────────┐ │  └─→│    関係性攻撃     │ │
│ │    使用時間       │ │     │ └──────────────────┘ │
│ ├──────────────────┤ ┊┄┄┄┄→└──────────────────────┘
│ │    使用用途       │ │
│ ├──────────────────┤ │          ──→ 各孤独感
│ │危険物入手についての知識│ │        ┄┄→ インターネットの使用形態
│ └──────────────────┘ │
└──────────────────────┘
```

図1　各変数間のモデル図

【引用文献】

広沢俊宗・田中國夫 (1984). 異なった関係における孤独感尺度の構成　関西学院大学社会学部紀要論文, 49, 179-188

James, V. P., Daniel, P. & Neil, M. (1985). Loneliness and aggressive

❻ 各変数間のモデル図

　研究計画書では，通常はモデル図までは必要としませんが，図があることで概念の関係性がわかりやすくなることもあります。口頭で説明できるようにしておきましょう。

behavior. Journal of social and Personal Relationships, 2, 243-52.

前田健一（1995）．児童期の仲間関係と孤独感：攻撃性，引っ込み思案および社会的コンピタンスに関する仲間知覚と自己知覚　日本教育心理学研究, 43, 156-166.

Sofia, B., Gonzalo, M., Sergio, M. & Javier, P.（2008）．Reputation, loneliness, satisfaction with life and aggressive behavior in adolescence. The Spanish Journal of Psychology, 11, 1, 192-200.

研究計画書サンプル11

　この研究計画書は，孤独感と攻撃性の関係に注目し，先行研究のレビューから，2つの間に正の相関があることを示しています。そのうえで，攻撃性を「身体的攻撃」と「言語的攻撃」で分類することを提案しています。また，メディアで取り上げられている見解をもとに，「突発的な身体的攻撃」と「慢性的な身体的攻撃」に分類すること，さらに，「言語的攻撃」についても，「直接的な言語的攻撃」「間接的な言語的攻撃」「関係性攻撃」と分類することを提案しています。また，「友人関係」と「家族関係」から孤独感について調査すること，インターネットと攻撃性との関係を検討することもあげています。

　一様に述べられることが多い「攻撃性」を多面的に研究することは意義があると思います。ただし，どのような考えや見解であっても，すべて，先行研究もしくは官公庁発表の各種統計資料などをもとに根拠を示さなければなりません。個人的な意見ではなく，専門的に裏付けられたものであることを示す必要があるのです。普段生活しているなかで推察していること，マスコミが報じていることを学術的に実証していくことも，臨床心理学の研究にとって意義のあることです。ぜひ説明できるようにしておきましょう。

　研究法は，尺度を2つ作成して質問紙調査を行うことになっています。かなり規模の大きな研究計画になっています。本当にこれを実現することができるのかが問われます。場合によっては，これは全体的な研究計画で，修士論文ではその一部に取り組む方がよいかもしれません。

研究計画書サンプル >>> 12

対人関係調整能力と精神的健康
―日常生活に存在する適応障害の要因―

研究目的

❶ 人は社会生活を送るにあたり様々な形で人間関係を形成し維持していく。この際に，状況に応じたより適応的な人間関係を成立させるため，本音とは異なることを言うことや，必要に応じて嘘をつくことがある。これらの行動により，相手との摩擦を減らし，場合によっては利益をもたらす結果につながることがある。このような，自分の考え，感情，事実を偽り，作ることで人間関係を成立させるような能力をここでは対人関係調整能力とする。この能力は適応的な人間関係を作るために用いられるものであるが，このような偽りや作り物を用いた人間関係の形成・維持は，場合によっては精神的負担となるのではないかと考える。そして，社会人が日常において接する相手は，仕事を介した相手が多く，自分の考えや感情とは違

研究計画書へのコメント

❶ 問題の背景

適応的な人間関係成立の概念として「人間関係調整力」をテーマとしてあげ，定義を述べています。社会生活を送るにあたって，「適応的な人間関係」は重要だという認識を持たれていますが，その際に，自分の考え，感情，事実を偽ることがあることに注目し，それにより精神的負担となる可能性があることを問題提起としています。

問題提起は明確でよいのですが，この段落には引用の表記がないため，どの箇所が誰の見解なのかがわかりません。それぞれの文章に対して，引用元を明記しましょう。

この段落の最後では，社会人に焦点を当て，適応障害との関連を述べています。対人関係調整能力を適応障害の要因の1つとして推測していますが，適応障害がどのようなものなのかを示して，この考えが妥当であることを示すといいでしょう。

う発言や行動が多くなり，そのような人間関係に対する否定的な感情の積み重ねがストレスとなり，適応障害の要因の一つにもなるのではないかと考える。

❷ 先行研究を検討すると，好意を得ようとして行われる意見同調，お世辞，親切な行為といった取り入りの行動は自己呈示の一つであり，対人関係調整能力を用いた行動は自己呈示の一種であると考えられることから，自己呈示に関する研究は対人関係調整能力とストレスを検討するにあたり立脚点になると考えられる。スナイダー（1986）が提唱するセルフモニタリングの概念は自己呈示に対する個人差を自己呈示の適切さに関する関心，社会的比較情報への注目，自己呈示の仕方を統制・変容する能力，その能力を行使する意図などの側面から捉えようとするものである。そして，セルフモニタリング傾向が強い人は，どうしたらそれに合致した人間になれるか」を追及する人であり，セルフモニタリング傾向の弱い人は「どうすれば自分自身になりきれるか」を追及する人であるといえるとされている。対人関係調整能力に関しても，自己呈示の能力や考え方に準ずる能力の差や考え方の違いがあると考えられる。

❷ 先行研究のレビュー

先行研究から「自己呈示」に注目し，対人関係調整能力と類似の概念であることを見出しています。そして，自己呈示に対する個人差をセルフモニタリングの概念から捉えている先行研究を示し，対人関係調整能力に関しても同様に推察しています。

これは，先行研究の少ないテーマを検討するときに特に有効です。その際，類似の概念を用いることが妥当であることを先行研究を用いて示す必要があります。この研究計画書でも，先行研究を検討していることが文中で述べられているので，その点は適切ですが，それぞれの定義を見ると，人間関係調整能力と自己呈示の側面が，必ずしも類似のメカニズムでない可能性も読み取れます。類似の概念として捉えることが妥当であることを，先行研究から説明できるようにしておくことが大切です。

❸ 対人関係とストレスという問題点に関しては，橋本（1999）が対人関係の否定的側面に関する検討をしている。青年における対人ストレスイベントには対人葛藤，対人劣等，対人摩耗の3種類があるとし，対人摩耗とは日常のコミュニケーションにおいてわりと頻繁に生じるであろう，社会規範から逸脱したものではないが配慮や気疲れを伴う対人関係がストレスをかけている事態に関するものと述べている。そして，橋本（1999）の研究においては，社会的スキルと対人摩耗が無相関であるという結果がでている。そのうえで，一般的な社会的スキルに加え，問題特定的な社会的スキルの検討が課題となっている。

❹ 畑中（2003）は会話中に自分の意見や気持ちなどについて表出しない行動について"発言抑制"という概念を設定し，発言抑制の原因や動機の存在を明らかにし，見出された原因や動機別に精神的健康への影響を検討している。畑中（2003）の研究ではスキル不足による発言抑制は男女とも会話不満感を高め，女性では精神的健康に悪影響を及ぼしている。一方で，規範や状況を考慮した発言抑制が多いほど精神的健康度が高く，会話に対する不満感が低いことが

❸ 先行研究のレビュー

対人関係とストレスに関する先行研究として，対人関係の否定的側面に関する研究が述べられています。青年における対人ストレスイベントの中で「対人摩耗」を取り上げ，社会的スキルと対人摩耗が無相関であるという研究結果を示しています。その後に述べられている一般的な社会的スキルと問題特定的な社会的スキルとは，どのようなものを指すのでしょうか。これらの定義を述べたうえで，「課題」について具体的に説明できるようにしておきましょう。

❹ 先行研究のレビュー

「発言抑制」という概念に注目して，先行研究を示しています。発言抑制の定義を述べ，発言抑制がみられた場合でも，動機やスキルによって精神的健康や会話不満感が異なることを示しています。そして，発言抑制が対人関係調整能力に含まれると考え，対人関係調整能力というスキルと精神的健康の関係ついて検討が必

示され，発言抑制の精神的健康への及び会話不満感への関係の有無は発言抑制の動機，スキルなどの下位側面によって異なることが示されている。発言抑制という行動は対人関係調整能力に含まれるものであると考えると，橋本の研究も踏まえ，対人関係調整能力というスキルと精神的健康の関係についての検討が必要であると考えられる。

❺そこで，本研究では，対人関係調整能力と精神的健康の関係について検討することを目的とし，①対人関係調整能力がないと対人葛藤を経験しやすく精神的健康を害する②対人関係調整能力があってもネガティブに捉えていると対人摩耗が生じ精神的健康を害する。という仮説に基づき検討する。対人関係調整能力，能力に対する考え方の組み合わせと精神的健康の程度を検討していく。

研究方法

❻自己や事実に嘘をつくことで対人関係を望ましいものにする能力である対人関係調整能力の高低，対人関係調整能力を用いたコミュニケーションに対する考え方，対人葛藤，対人摩耗，精神的健康の

要であるという考えを述べています。ここでも，❷と同様に「発言抑制」を「対人関係調整能力」の類似の概念として捉え，その類似の概念の先行研究を用いて「対人関係調整能力」に関する検討をすることを提案しています。

❺ 研究の目的・仮説

仮説の中に，❸に書かれている「対人葛藤」と「対人摩耗」が用いられていますが，❸の文中では「対人関係調整能力」との関連が述べられていないようです。仮説に関わる概念ですので，❸の中で触れておくようにしましょう。

❻ 方法

ここで検討すると述べられている「組み合わせ」について，各々の概念がどのように関連していて，それらを検討することで何がわかるのかを明確にしておくとよいでしょう。前の段落には仮説が書かれていますが，具体的にどのような組み合わせを想定しているのでしょうか。「方

程度を調査，それぞれ精神的健康の程度と組み合わせを検討するとともに，仮説に基づく組み合わせと精神的健康について検討する。使用尺度は，対人関係調整能力尺度（自作），対人関係調整能力に対する考え方を調べる尺度（自作），対人葛藤尺度・対人摩耗尺度（対人ストレスイベント尺度改訂版を参考に，独自作成項目を追加），GHQである。調査対象は社会人と，比較のため大学生とする。

（1927字）

引用文献

橋本剛　1999　対人関係の両価性と精神的健康の関連―その否定的側面を中心に―

畑中美穂　2003　会話場面における発言の抑制が精神的健康に及ぼす影響　心理学研究第74巻第2号

安藤清　1994「見せる自分/見せない自分―自己呈示の社会心理学」サイエンス社

谷口弘一，福岡欣治　2006「対人関係と適応の心理学―ストレス対処の理論と実践―」北大路書房

坂本真士，佐藤健二　2004「はじめての臨床社会心理学―自己と対人関係から読み解く臨床心理学」有斐閣

法」でも具体的に述べると，何を検討したいのかが明確になります。

　尺度の中にある「自作」とは，自分で尺度を作成することだと推察されますが，これにはかなりの時間や手間がかかり，相応の手続きが必要です。しかも2つも作成するとなると，かなりハードになってきます。時間的な実現可能性について，また，作成の仕方を理解できているかどうかも問われます。

　『調査対象は社会人と，比較のため大学生とする』と書かれています。

社会人については❶段落の最後でふれられていますが，社会人の対人関係に関する先行研究も含めると，社会人を対象とする説得力が，より出てきます。具体的にどのような社会人を想定しているのか，また，研究に協力してもらえるのかも明確にしておく必要があります。さらに，「大学生と比較する」と書かれていますが，何を比較するのか，それにより，どのようなことが検討できるのかについても明確にしておきましょう。

研究計画書サンプル12

　この研究計画書は，適応的な人間関係成立の概念として「人間関係調整能力」をテーマとして取り上げています。一般に「適応」とは望ましいものとして捉えられることが多いですが，適応的な人間関係を形成する際に用いられる「人間関係調整能力」が，個人にとっては精神的負担となる可能性があることを問題提起としている点が評価のポイントです。

　次に，「人間関係調整能力」を検討するにあたり，先行研究のレビューが書かれています。「自己呈示」，対人関係の否定的側面として「対人葛藤」「対人劣等」「対人摩耗」，さらに「発言抑制」についての先行研究を検討しています。ここでは，「対人関係調整能力」と類似の概念の先行研究を検討することで，「対人関係調整能力」について示唆を得ようとしています。「対人関係調整能力」に関する研究が少ないのだと推察されますが，そのような場合，この研究計画書のように類似の概念を用いて検討することは有効です。また，定義が記述されているため，それぞれの概念について「対人関係調整能力」との類似点を理解することができます。中には補足的な説明が必要な箇所もありますが，各々の概念を定義づけして明確にしている点も評価のポイントです。

　そのうえで，それぞれの概念がどのように関連していて，それらを検討することで何がわかるのかを明確にしておくと，よりよい研究計画書になるでしょう。また，調査対象者や尺度作成に関する実現可能性も押さえておくとよいでしょう。

研究計画書サンプル >>> 13

❶ 自閉症児を抱える親の支援団体に対する信頼度の変化と，障害に対する受容度変化，及びTEM図作成経験による自己明確化効果の測定

＜問題と目的＞
❷ 自閉症児支援は発達段階を通して長期的なものになるため，子どもに対しての療育はもちろん，自閉症児を抱える親への支援を行うことが重要である（河野 2013）。自閉症を抱える子どもと支える親への支援の方法としてペアレントトレーニング（以下，ペアトレ）が挙げられる。ペアトレの治療機能と特性に関し免田（2013）は，自閉症や療育に関する知識の専門家と，我が子の専門家である親が対等である立場を取りながら支援を行うことで，親の困り感や，親の特徴，また，その子どもの個性を踏まえたオーダーメイドの解決法を創作できるとした。また，ペアトレを通して障害の知識が増えること以外にも，子どもを可愛いと思えるようになった，子どもの

研究計画書へのコメント

❶ タイトル

かなり具体的な研究内容が書かれています。このような場合には，タイトルにすべて書くよりも，抽象的な表現にして，具体的な内容をサブタイトルにつけてもいいでしょう。

❷ 問題の背景

自閉症児支援は長期的になることをあげ，子どもへの療育とともに，親への支援が重要であることが述べられています。次に，子どもと親への支援の方法として，ペアレントトレーニングをあげ，先行研究で示されている効果などが書かれています。これらの先行研究の結果から，何が言いたいのかを最後に書いておくと，よりわかりやすくなると思います。

望ましい行動が増えたなど，親と子どもとの直接的な関係の中での改善や，子育ての自信の回復や，子育てへの積極性など親の心的変化が見られることが分かっている（堀家 2014）。

❸ 大西・永田・武井（2013）は，高機能広汎性発達障害児とその親の支援を通して変容する親の子どもの捉え方と変容過程には療育への期待から生じる肯定的な感情と，専門家への疑問や不安から生じる否定的な感情があり，肯定的感情と否定的感情の交差は時期を追うごとに変化するとした。しかしこの研究は高機能広汎性発達障害児のみを対象としている点と，母親が障害を受容していく過程の前段階にのみ対応している研究であるという点から，親の心の変化の全体的な変化を追えているとは言えない。また，グランデット・セオリーアプローチ（以下，GTA）によって研究がおこなわれているが，境愛・中西・中坪（2012）によれば，GTA では事例から概念やカテゴリーの順序性や関連性が見いだせる一方で，個々の事例の具体性や時系列性が見落とされてしまう点が危惧されている。

❹ 一方，複線経路・等至性モデル（以下，TEM）は，"個々人のライフ（生命・生活・人生）に関するテーマについて，その人が生き

❸ 先行研究のレビュー

高機能広汎性発達障害児とその親の支援に関する先行研究をあげ，そこから得られた知見を示したうえで，その研究の不十分な点を指摘しています。その点を説明できるようにしておきましょう。さらに GTA による研究法の問題点について，先行研究をもとに指摘しています。研究法の問題点をあげる以上は，その研究法についても理解しておく必要があるでしょう。

❹ 研究法の提案

研究法として，複線経路・等至性モデル（TEM）を提案しています。先行研究を用いて，TEM の定義，手続き，目的などを示し，GTA と対比した TEM の利点などをあげています。GTA を使用している先行研究の問題点を指摘したうえで，TEM を用いた研究を提案しているので，必要に応じて他の先行研究なども確認し，TEM について十分理解しておくことが求められます。

研究計画書サンプル >>> 13

てきた時間を重視しながら考える方法"(安田・サトウ 2012)である。TEMでは数回の面接を通し，対象者と研究者が協働してTEM図を作成する。TEM図とは"対象への理解を深めるための気づきのためのツールであり，複雑な人生の時間の流れを，いったん手のひらサイズにすることで把握し，対象者への理解を深めるプレゼンテーションのツールである。(安田・サトウ 2012)。GTAに比べ，対象者の経験に焦点をあて，対象者である母親自身が納得のいくまで研究者と協働してTEM図を作成するため，研究者が対象者に対して正確かつ深い理解が可能になると考えられる。❺そこで本研究では，自閉症児を抱える親への面接にTEMを導入し，支援団体からのペアトレや療育のプログラムを受け始めたことで，子どもや障害に対する意識，行動に変容が起こったかどうか，また，支援者との関係や信頼度について，対象者である親も納得のできる，深い丁寧な分析を行えると考える。

❻さらに，TEM図によって自分自身の体験を目に見える図として把握することが可能となるため，母親は自己明確化効果を得ることもできると考えられる。よってTEMが対象者の自己認知に効果を

❺ 研究の目的

『自閉症児を抱える親への面接にTEMを導入し』と書かれているので，親に対して面接をして，そのデータを分析することが理解できます。次に研究したい内容が具体的に書かれているのはよいのですが，それらをまとめて書いているため，主体があいまいなところがあります。「ペアトレ」を受けるのは，子どもと親の双方だと思われますが，「療育」を受けるのは子どものみかと思います。これらの効果をそれぞれ検討するのでしょうか。また，「行動に変容が起こる」のは，子どもの行動でしょうか。それとも，子どもに対する親の行動でしょうか。これらの調査内容を整理することで，研究内容や目的がより明確になります。

❻ 研究の効果

TEMが，研究法としてだけでなく，調査の対象者に対して一定の効果がある可能性を述べています。『TEM図によって自分自身の体験を

及ぼす方法であるということについても，検討を行いたいと考える。

❼ ＜第Ⅰ研究＞　支援団体に対する信頼度の変化としょうがいに対する受容度変化

調査は半構造化面接によって3回行う。1回目は半構造化面接，2回目では1回目の面接を基に研究者が作成したTEM図に関して自由に語ってもらう非構造化面接を行う。3回目ではTEM図を完成させる。

調査対象者は（省略）の療育に通う親9～10人に行うことを目標とする。

❽ ＜第Ⅱ研究＞　TEM図作成経験による，自己明確化効果の測定

自己明確化の程度を測定するため，前川（2014）のマインドフルネスの測定尺度の中から，自己明確化に関する項目を抽出し，適宜質問を加えることによって，新たに自己明確化を測定する尺度を作成する。面接を行い，TEM図を作成する前とTEM図を作成し面接を終えた後の計2回測定を行う。さらに，面接を通じて自己明確

目に見える図として把握することが可能となるため，母親は自己明確化効果を得ることもできると考えられる』と書かれていますが，先行研究があげられていないため，主観的な意見と判断されてしまいます。このような効果が得られると考える根拠についても，先行研究を用いて示すことが必要です。❹の中に，TEM図は「対象者への理解を深めるプレゼンテーションのツール」と書かれていますが，自己明確化効果についても言及しましょう。

❼ 第Ⅰ研究の方法

具体的な支援団体が書かれているため，フィールドは確保されているものと推察できますが，研究に協力してもらえるのかを確認しておきましょう。一般的には協力を得にくい対象なので，実現可能性を示すためにも明確にしておくことが大切です。

また，❺でもコメントしましたが，どのような支援を対象にしているのかも明確にしておきましょう。

化がどのように進んだか，言語報告を行ってもらう。

(1714字)

＜引用文献＞

境愛一郎・中西さやか・中坪史典 (2012). 子どもの経験を質的に描き出す試み：M-GTA と TEM の比較　広島大学大学院教育学研究科紀要, **3**, 197-206.

河野順子 (2013). 自閉症児をもつ母親支援を考える：母親の心理的側面に焦点を当てて　東海学園大学研究紀要：人文科学研究編, **18**, 35-47.

免田賢 (2013). ペアレントトレーニング（親訓練）の理論的基礎：効果的プログラムの開発に向けて（その2）佛教大学教育学部学会紀要, **12**, 39-53.

堀家由妃代 (2014). 発達障害児の親支援に関する一考察　佛教大学教育学部学会紀要, **13**, 65-78.

大西慶子・永田博・武井祐子 (2013). 高機能広汎性発達障害児をもつ母親の子どもの捉え方と　その変容過程―療育プログラムに参加した母親を対象とした質的研究―川崎医療福祉学会誌, **23**(1), 159-168.

安田祐子・サトウタツヤ（編）(2012). TEM でわかる人生の径路―質的研究の新展開　誠信書房

前川真奈美 (2014). 新たなマインドフルネス測定尺度作成の試み―尺度開発に向けた項目の検討―早稲田大学大学院文学研究科紀要. 第1分冊, **59**, 41-55.

8 第Ⅱ研究の方法

マインドフルネスの測定尺度を利用する根拠について，先行研究を用いて説明できるようにしておきましょう。

また，マインドフルネスの測定尺度から抽出した項目に質問項目を加えて，新たに自己明確化尺度を作成すると書かれています。尺度を作成する手順を理解できているかが問われます。しっかりと押さえておきましょう。

研究計画書サンプル 13

　この研究計画書は，自閉症児の支援に焦点を当て，その支援が長期的になることを鑑みて，子どもへの療育とともに，親への支援が重要であることを問題の背景としてあげています。そして，子どもと親への支援の方法として，ペアレントトレーニングの効果が示されています。

　続いて，高機能広汎性発達障害児とその親の支援に関する先行研究について不十分な点をあげ，中でも，グランデット・セオリーアプローチによる研究法の問題点を指摘しています。そのうえで，自閉症児を抱える親の支援団体に対する信頼度の変化や，障害に対する受容度変化を測定するために，複線経路・等至性モデル（TEM）による研究法を提案しています。さらに，TEM が研究法としてだけでなく，自己明確化効果が得られる可能性をあげ，TEM が対象者の自己認知に及ぼす効果を検討することも目的にしています。

　自分がやりたい研究に対して，先行研究の方法では不十分だと感じた場合に，この研究計画書のように，別の研究法を提案して検討することは意義があることです。GTA の不十分な点と TEM の利点について，先行研究を用いて示している点は適切ですが，さらに，この研究テーマについてどのような研究法が用いられているのかを十分に理解しておくことが大切です。量的研究，質的研究ともに確認しておきましょう。なぜ先行研究の方法では不十分なのか，新たに提案した TEM はどのような点が有効なのかを明確にしておくことは，面接対策としても重要です。特に TEM は質的研究なので，十分に理解しておきましょう。

　また，この研究には尺度作成も含まれています。3 回の面接を実施する TEM による質的研究，尺度作成，および質問紙調査を行うため，時間的にも労力的にもコストがかかるうえに，この研究法を実施するにあたっての知識やスキルが必要とされます。修士論文としてはかなりハードルの高い研究

といえます。実現可能性を考えると相当の覚悟が必要でしょう。一方で，それが示せれば，意義のある研究として評価されると思います。十分に準備をしておきましょう。

　また，この研究は，自己明確化効果が得られることを仮定しています。「TEM 図によって自分自身の体験を目に見える図として把握することが可能になる」と書かれていますが，自分の体験を把握することで，不安などの否定的な感情を引き起こす可能性があります。倫理的配慮についても必要になるでしょう。

研究計画書サンプル >>> 14

青年期における友人関係と自己開示と孤独感の関係

問題・目的

❶近年では，インターネットに関連した事件や犯罪が多発しており，子どもたちが巻き込まれている。被害者だけでなく加害者にもなるのだ。2006年の「佐世保小6女児同級生殺害事件」の事件が起こり，7年経った2013年には「広島同級生殺人事件」が起こった。どちらともインターネットでのやり取りの中で，喧嘩になりそれが衝撃的な事件となった。現代社会のインターネット環境が進歩している中で，子どもたちはインターネットを介して，どのような友人関係をとり，どのように自己を開示し，どれくらい孤独感を感じているのだろう。

現代の高校生や大学生のほとんどがパソコンや携帯を使用して，日常的にインターネットで，ソーシャルメディアを利用している。総務省（2011）での調査では，現在利用しているまたは過去に利用

研究計画書へのコメント

❶ 問題の背景

問題の背景として「インターネットに関連した犯罪」をあげ，「佐世保小6女児同級生殺害事件」や「広島同級生殺人事件」を例にとり，『どちらともインターネットでのやり取りの中で，喧嘩になりそれが衝撃的な事件となった』と書いています。社会的に知られている事件ではありますが，このようなケースでも，掲載元，もしくは発表元などを表記しておいた方がいいでしょう。

この段落の最後に，インターネットを介した友人関係と自己開示，孤独感などに関する疑問が書かれていますが，これがインターネットの事件とどうつながっているのか，特に孤独感とのつながりが見えにくいと思います。後述の文章を読むと理解できるのですが，ここは問題の背景をもとにした問題提起として記述すると，よりわかりやすくなります。

していた人は50％以上であり，年代別では10代20代の利用率が高いという結果である。ソーシャルメディアは現代のコミュニケーションツールとして，多くの若者に使われており，彼らはこのソーシャルメディアを使い自己開示を行っている。

❷ 自己開示とは，自分はどういう人間であるかを他者に知ってもらうために，自身をあらわにする行動である。野口（2011）は，大学生を対象に行った研究で，対面自己開示満足感が低いと，ネット自己開示満足感が高くても孤独感を高めてしまい，また，対面自己開示満足感が高くても，ネット自己開示満足感が低いときには，孤独感が高くなってしまうと述べている。丹波・丸野（2010）は，自己開示の深さを測定する尺度を開発し，初対面の人と親しい友人に対する自己開示と孤独感について研究している。そして相手との関係性が親密であるがゆえに，深層的な自己を開示したいが相手に心理的な負担をかけぬよう配慮した気持ちが働き，深層的な自己開示の代わりに表層的な自己開示をしているのではないかと考察している。

❸ 卒業論文では，私立女子大学生104名（平均年齢19.1歳）を対象に，孤独感の高低と対人自己開示とネット自己開示のそれぞれの

❷ 先行研究のレビュー

自己開示の定義を示したうえで，自己開示と孤独感との関係を検討した先行研究のレビューをしています。対面自己開示とネット自己開示の満足感と，そこからもたらされる孤独感との関係，および初対面の人と親しい友人に対する自己開示と孤独感との関係について，それぞれの研究から得られた知見が述べられています。

❸ 目的

卒業論文の内容と，そこから得られた結果と考察について述べられています。この研究計画書が卒業論文を発展させたものであることが理解できます。『一見，自己開示の深さのレベルが深い方が，孤独感を軽減しそうにもかかわらず，自己開示の深さのレベルが浅いほうが，孤独感を軽減するという結果が出ている』という卒業論文から出た課題について，岡田（2007）の先行研究から示

深さの違い，また自己開示内容の違いを検討した。Pearsonの積率相関係数，重回帰分析，t検定を行った。その結果，対人での自己開示のほうが，インターネットでの自己開示より多く行われ，自己開示の深さのレベルも対人での自己開示のほうがインターネットでの自己開示よりも深いレベルで行われていた。しかし，自己開示の深さのレベルは浅い方が孤独感を減少させるという影響を与えていた。一見，自己開示の深さのレベルが深い方が，孤独感を軽減しそうであるにもかかわらず，自己開示の深さのレベルが浅いほうが，孤独感を軽減するという結果が出ている。これは，現代の青年の友人関係の取り方に関係があると私は考える。

「青年期」の友人関係というのは，お互いの内面に触れ合うような親しい関係を望んでいるということが一般的とされている。一方で岡田（2007）は，現代の若者は，そうした親しい友人関係を遠ざけ，友達から低い評価を受けないように警戒したり，お互いに傷つけあわないように気を使って，表面的な関係をとっているという説が，指摘されるようになったと述べており，「現代青年に特有な友人関係のとり方に関する尺度項目」を作成した。

唆を得ています。そのうえで，その考えを検討することがこの研究の目的であることを述べています。

今回の研究では，現代成年の友人関係と自己開示の深さの関係，友人関係と孤独感の関係を，対面での場合とインターネット上での場合とをそれぞれ検討する。

❹ 社会的意義

　これから社会のインターネット環境はより使いやすく，より身近なものへ技術は進歩し続けるだろう。このインターネット社会の中で子どもたちが，インターネットと深く関わり影響を受けることを無視することは出来ない。インターネットの世界とリアルの世界を生きる青年たちに目を向け，関係や影響を正しく認識することは，インターネットのなかった時代とは違う，これからの子どもたちが抱える心の問題を理解することにつながるだろう。

❺ 仮説

1. 自己開示の深さのレベルが浅いほど，友人関係はより現代青年的な特徴が示される。
2. 対面での自己開示は，自己開示の深さのレベルが浅い方が多く

---

❹ 社会的意義

『インターネットと深く関わり影響を受けること』や，『インターネットの世界とリアルの世界を生きる青年に目を向ける』などについては，ここまでの文中に書かれている内容であると捉えることができます。それらを述べたうえで，この研究の社会的意義を述べていることは適切ですが，『これから社会のインターネット環境はより使いやすく，より身近なものへ技術は進歩し続けるだろう』という記述については，引用元があった方がいいでしょう。また，『このインターネット社会の中で子どもたちが』，『これからの子どもたちが抱える心の問題を』などと書かれていますが，この研究は青年期を対象にしていて，調査対象も大学生になっています。一般的に「子ども」というと児童期を連想する可能性があります。細かいことですが，このような点にも整合性をもたせることで，より完成度の高い研究計画書になります。

自己開示が行われ，友人関係は現代青年的な特徴が示され，孤独感は軽減される。
3. インターネットでの自己開示では，自己開示の深さのレベルが浅いほうが多く，しかし対面での自己開示よりも少ない量で自己開示が行われ，友人関係は対面よりも現代青年的な特徴を示し，孤独感は軽減されるが，対面ほど軽減されない。

❻ 方法
質問紙調査
調査対象者：大学生
　調査内容
　1. フェイスシート
　2. ソーシャルメディア使用状況など
　3. 改訂版 UCLA 孤独感尺度日本語版（諸井）
　4. 友人関係尺度（対面）（岡田 2007）
　5. 自己開示の深さを測定する尺度（対面）（丹波・丸野 2010）
　6. 友人関係尺度（ネット）（岡田 2007）

❺ 仮説の提示
仮説は先行研究や卒業論文から得た知見をもとに立てられています。

❻ 方法
質問紙調査を実施すること，調査対象者，調査内容が書かれています。尺度が5つありますが，これらの尺度を用いてどのように分析するのかも明確にしておくといいでしょう。

7. 自己開示の深さを測定する尺度（ネット）（丹波・丸野 2010）

（1991 字）

先行研究

諸井克英（1991）：改訂 UCLA 孤独感尺度の次元性の検討　静岡大学文学部人文論集

野口恵美（2011）：大学生の自己開示満足感とインターネット上の自己開示特徴および孤独感との関連　九州大学心理学研究　第 12 巻　121-128

岡田努（2007）：現代青年の心理学　若者の心と虚像と実像　世界思想社

総務省（2011）：平成 23 年通信利用動向調査の結果（ポイント）
http://www.soumu.go.jp/main_content/000161416.pdf　（2013/07/21）

総務省（2011）：平成 23 年通信利用動向調査の結果（概要）
http://www.soumu.go.jp/main_content/000161417.pdf　（2013/07/21）

総務省（2011）：ソーシャルメディアの利用状況，平成 23 年版　情報通信白書
http://www.soumu.go.jp/johotsusintokei/whitepaper/ja/h23/pdf/n3020000.pdf（2013/07/21）

丹波空・丸野俊一（2010）：自己開示の深さを測定する尺度の開発　パーソナリティ研究　2010　第 18 巻　第 3 号　196-209

研究計画書サンプル 14

　この研究計画書は，問題の背景として「インターネットに関連した犯罪」をあげ，インターネットを介した友人関係と自己開示，孤独感との関係をテーマにしています。次に，総務省の調査結果をもとに，現代の高校生や大学生のほとんどが，日常的にインターネットでソーシャルメディアを利用していること，さらに，それを使って自己開示を行っていることを示し，ソーシャルメディアの研究として自己開示を取り上げることの根拠を明示しています。続いて，自己開示と孤独感との関係を検討した先行研究のレビューをしています。対面自己開示とネット自己開示と孤独感との関係，および，相手との関係性による自己開示と孤独感との関係について，それぞれの研究から得られた知見を述べています。

　卒業論文の内容と，そこから得られた結果と考察について述べ，この研究計画書が卒業論文を発展させたものであることを示し，卒業論文から出た課題について先行研究から示唆を得ています。そのうえで，その考えを検討することがこの研究の目的であることを述べています。

　ソーシャルメディアの普及率の高さを鑑みると，インターネットを介した友人関係を検討するのは意義があることです。さらに，対面的友人関係との比較をするため，それぞれの特徴をより明らかにすることができます。その際，自己開示の深さ，孤独感という指標を設定にしているため，ネットを介した友人関係と対面的な友人関係を検討するにあたっての観点が明確になっている点も評価のポイントです。また，インターネットを介した友人関係と対面的友人関係との比較をすること，その際，自己開示の深さ，孤独感を検討することの根拠をすべて先行研究を用いて示している点も適切です。

　卒業論文の内容と結果を書いたうえで，その中の何が課題なのか，またその課題をどのように解釈しているのかを明確にしたうえで，研究の目的を述

べ，仮説を具体的に立てています。このように展開が論理的であることも評価のポイントです。

そのうえで，引用元などを明示する箇所や，❹でもコメントしましたが，青年期を対象にした研究に「子ども」と表記した箇所など整合性をもたせる点などをしっかりと押さえておいてください。

研究計画書サンプル >>> 15

❶ 研究テーマ：大学生における回想とアタッチメントスタイルおよび心理的適応の関連

【問題】

❷ 回想とは，かつて経験したことを再認感情をともなって再生することや，過去について思いめぐらすこと（野村・橋本2001）である。回想に関する先駆的な研究としては，Butler（1963）が回想の適応的な効果を主張し，老年期にしばしば認められる，過去を振り返る行為としての回想をライフレビューと名付けている。これ以後，回想に関する研究は多くの研究者の注目を集めるところとなり，我が国でも長田・長田（1994）や野村・橋本（2001）が高齢者を対象に，回想量や回想の質と適応の関連についての調査を行っており，それぞれ回想尺度を作成している。しかし，これまでの回想研究においては長田・長田（1994）や野村・橋本（2001）によって青年期においても老年期と同程度もしくはそれ以上に頻繁で日常的な回想が行

研究計画書へのコメント

❶ タイトル

研究テーマと書かれていますが，タイトルに相当します。

❷ 研究の背景

「回想」を研究テーマとして，定義を示し，回想に関する研究の経緯を述べています。冒頭に，「回想とは，…過去について思いめぐらすこと（野村・橋本2001）である」と定義が書かれていますが，引用の表記は「回想とは，…過去について思いめぐらすことである（野村・橋本2001）」とした方がよいでしょう。

回想に関する研究は，高齢者を対象に行われてきていることを示した上で，『青年期においても老年期と同程度もしくはそれ以上に頻繁で日常的な回想が行われていることが指摘されているにも関わらず青年期を対象とした研究はほとんどなされていない』と先行研究からの知見を用いて，回想の研究を青年期に対して

われていることが指摘されているにも関わらず青年期を対象とした研究はほとんどなされていない。

❸ ところで、George, Kaplan, & Main (1985) は子ども時代の母親との思い出の想起にはアタッチメントスタイルに応じて特徴的な差異が生じることを報告している。Bowlby (1969, 1973) はアタッチメントにまつわる内的な表象の事を内的作業モデル (Internal Working Model：以下、IWM と記載) と呼び、これが対人認知的枠組みとなり、他者の自分に対する態度を予測し、他者との関係における事象を関連付けて捉え、他者への態度を形成する基盤となるとした。IWM について Bartholomew (1990) は、他者は自分の要求に対してどのように応じてくれる存在なのかといった他者に関する作業モデル (他者の IWM) と自分は他者からどの程度受け入れられている存在なのかといった自己に関する作業モデル (自己の IWM) の 2 軸を、それぞれポジティブかネガティブかの 2 方向で捉えることで IWM の性質の違いを愛着スタイルとして説明し、安定型、とらわれ型、アタッチメント軽視型、恐怖型の 4 つに分類している。この理論に基づき Brennan & Shaver (1998) が ECR 尺

実施することの意義を示しています。
『Butler (1963) が回想の適応的な効果を主張し』という箇所や、『高齢者を対象に、回想量や回想の質と適応の関連についての調査を行っており』などに、回想と適応の関係があげられています。具体的に回想はどのように適応に効果があるのでしょうか。これは、回想を研究する意義にも関わるところなので、明確にしておく必要があるでしょう。

❸ 先行研究のレビュー

『子ども時代の母親との思い出の想起にはアタッチメントスタイルに応じて特徴的な差異が生じる』という先行研究をあげています。「子ども時代の母親との思い出の想起」を回想に相当するものとして捉え、回想とアタッチメントとの関連を研究することの妥当性を示しています。

アタッチメントにまつわる概念として内的作業モデルをあげ、先行研究のレビューをしています。そこでは、この研究に用いられる一般他者 ECR 尺度が作成されるまでの経緯

度を作成しており，さらに中尾・加藤（2004）はそれをもとに一般他者に対するアタッチメントスタイルを測定し得るものとして一般他者 ECR 尺度を作成している。前記の通り，George, Kaplan, & Main (1985) はこのアタッチメントスタイルと母子関係にまつわる思い出の想起との関連性を報告しているが，しかしながら，アタッチメントと全般的な回想，および心理的適応度に関する先行研究は見受けられない。

❹ そこで本研究ではアタッチメントスタイルを評価する尺度として ECR を用い，心理的適応度との関連や，幼少期もしくは母子関係に限定されない全般的で日常的な回想においても George, Kaplan, & Main (1985) が指摘するようなアタッチメントスタイルごとの回想の諸特徴が認められるかどうかについて検討することを目的とする。アタッチメントスタイルごとの幼少期や母子関係に関する回想の機制が日常場面における回想でも用いられると仮定した場合，とらわれ型は否定的な回想において，アタッチメント軽視型は回想の頻度においてそれぞれ特徴性を示すことなどが仮説として考えられる。

が示されています。その際に『IWM の性質の違いを愛着スタイルとして説明し，安定型，とらわれ型，アタッチメント軽視型，恐怖型の4つに分類している』と書かれています。この4類型は仮説の中でも述べられているので，具体的に説明できるようにしておく必要があるでしょう。

この段落の最後に，先行研究で明らかになっていない点として，『アタッチメントと全般的な回想，および心理的適応度に関する先行研究は見受けられない』と書かれています。

❷の中で『青年期においても老年期と同程度もしくはそれ以上に頻繁で日常的な回想が行われている』と述べられているため，アタッチメントとの関連で示されている母親との思い出の想起だけでなく，全般的な回想でも，アタッチメントに関連している可能性があると仮定していることが推察されます。文中でも説明を加えておくとわかりやすくなります。

❹ 目的・仮説

これまで述べられていたことをも

❺【方法】

　質問紙を実施する。被験者は大学1〜4年を対象としサンプル数は100を予定する。

- アタッチメントスタイルの測定のため，一般他者ECR（中尾・加藤 2004）
- 日常的回想の量の測定のため，回想尺度（長田・長田 1994），日常的回想の質の測定のため，肯定的回想尺度・否定的回想尺度・再評価傾向尺度（野村・橋本 2001）
- 適応指標として，日本版GHQ（中川・大坊 1985）及び自尊感情尺度（Rosenberg 1965）

（1432字）

とに，研究の目的と仮説が設定されています。さらに，この研究をすることにどのような意義があるのかを書いておくと，より説得力のある研究計画書になります。そのためにも，回想と適応の関係について具体的に記述しておくといいでしょう。

❺ 方法

「質問紙を実施する」と書かれていますが，「質問紙調査を実施する」の方がいいでしょう。また，「被験者」と書かれていますが，「調査対象者」や「回答者」「調査協力者」などの方がよいと思います。

　研究に使用する尺度が書かれていますが，これらを用いてどのように分析するかも明確にしておくといいでしょう。また，適応指標として，日本版GHQと自尊感情尺度を用いる根拠についても問われます。

　大学指定の用紙等がある場合には引用文献を書くスペースがないこともありますが，本来は引用文献を入れるのが原則です（p.26, 27 参照）。

研究計画書サンプル 15

　この研究計画書は，「回想」を研究テーマとして，回想に関する研究の経緯を述べています。回想に関する研究は高齢者を対象に行われてきていること，また，青年期においても頻繁で日常的な回想が行われていることが指摘されています。しかしながら，青年期を対象とした研究はほとんどなされていないことを先行研究を用いて示し，回想の研究を青年期に対して実施することの意義を提示しています。

　続いて，アタッチメントスタイルに関する先行研究から，子ども時代の母親との思い出の想起との関係を示し，回想とアタッチメントとの関連について研究することの妥当性を示しています。次に，アタッチメントにまつわる概念として内的作業モデルをあげ，先行研究のレビューを行い，この研究で用いられる一般他者 ECR 尺度が作成された経緯を示しています。そして，先行研究で明らかになっていない点を明示し，研究の目的へとつなげています。

　研究テーマである「回想」と「アタッチメント」について，それぞれ研究の経緯を示すことで，「青年期における全般的で日常的な回想」と「一般他者に対するアタッチメントスタイル」に焦点を当てることの妥当性や意義が示されている点が評価のポイントです。また，このように焦点をしぼっているため，研究内容が具体的です。

　そのうえで，先ほどもコメントしたように，補足的な説明が必要な箇所や明確にしておきたいところがあるので，しっかりと押さえておきましょう。特に回想と適応の関係について，回想はどのように適応に効果があるのかということは，回想を研究する意義にも関わるところなので明示しておきましょう。

研究計画書サンプル >>> 16

仲間集団の特徴が過剰適応傾向に及ぼす影響について

1. 問題と目的

❶近年，周囲に上手く適応しており一見何の問題もないように見える子どもが，実は心理的問題を抱えているという過剰適応が問題視されている。過剰適応とは，環境からの要求や期待に個人が完全に近い形で従おうとし，内的な欲求を無理に抑圧してでも外的な期待や欲求にこたえる努力を行うことである（石津・安保，2008）。過剰適応は抑うつ傾向や学校嫌い感情など，様々なネガティブな感情をもたらす（益子，2009）ことが明らかになっており，さらに突然キレ，不登校に至る要因（星野。岡本，2009）となることも報告されている。

❷小沢・下斗米（2015）は，過剰適応が環境要因によって生じることが示されているのにも関わらず，所属集団のもつ変数に着目した研究が少ないことを指摘している。集団は個人をとりまく環境で

研究計画書へのコメント

❶ 問題の背景・問題提起

『周囲に上手く適応しており一見何の問題もないように見える子どもが，実は心理的問題を抱えているという』という状況を問題の背景としてあげ，「過剰適応」の説明をしています。その定義を述べ，さまざまな問題を抱えていることを先行研究より示し，問題提起をしています。

❷ 先行研究のレビュー

『過剰適応が環境要因によって生じることが示されているのにも関わらず，所属集団のもつ変数に着目した研究が少ない』という先行研究の見解を用いて，これまでの過剰適応の研究において，不十分な点を指摘しています。そのうえで集団の特徴をもとに過剰適応の検討をすることを提案しています。

その際，過剰適応について今まで

あると言えることから，集団の雰囲気や関係性によって所属する個人の過剰適応が引き起こされる可能性があるため，どのような集団の特徴が過剰適応に影響を及ぼすのか検討する必要があると考えられる。

❸ 学校での適応に大きな影響を及ぼし，重要な意味をもつ集団として，学校での多くの活動を共に行う仲間集団がある（池田, 2013）。石田・小島（2009）は仲間集団の特徴として，集団にリーダーを中心とした階層がある「階層性」，所属集団以外の集団と交流を持たない「閉鎖性」，集団の結束力や仲の良さである「凝集性」の3つを見出している。集団の階層性は孤立への不安を高め，意見の表明を抑制すること，また凝集性は本来の自分の姿を見せることを促進する（野里・横山, 2014）ことを踏まえると，集団の階層性は過剰適応傾向を高め，反対に凝集性は過剰適応傾向を低める可能性があるのではないだろうか。

❹ そこで本研究では，所属する仲間集団の特徴が過剰適応傾向に及ぼす影響について検討する。過剰適応に繋がる集団の要因を明らかにすることで，これまで明らかにされてこなかった側面を示し，

どのような研究が行われてきているのかを確認しておくとよいでしょう。特に，「所属集団のもつ変数に着目した研究が少ない」と書かれているので，個人的な要因を検討したものが多いのではないかと推察されます。個人的な要因も含めて，過剰適応の研究について概観しておくとよいでしょう。

❸ 先行研究のレビュー

集団の中で，仲間集団に焦点を当て，先行研究のレビューをしていま
す。『学校での適応に大きな影響を及ぼし，重要な意味をもつ集団として，学校での多くの活動を共に行う仲間集団がある』と述べられている先行研究を用いて，仲間集団に焦点を当てることの根拠を示しています。そして，仲間集団には「階層性」「閉鎖性」「凝集性」の3つの側面があることを述べ，『集団の階層性は孤立への不安を高め，意見の表明を抑制すること，また凝集性は本来の自分の姿を見せることを促進する』という先行研究から，過剰適応との関連

過剰適応による問題の低減に有用な知見をもたらすことができるだろう。

2. 仮説①集団の階層性は過剰適応傾向の高さと関連する。
　　　②集団の凝集性は過剰適応傾向の低さと関連する。

3. 方法
【調査方法】質問紙調査　【対象】中学生・高校生
【調査項目】①青年期前期過剰適応尺度（石津・安保，2008）：33項目，5件法
②集団の特徴尺度（石田・小島，2009）：18項目，5件法
【分析方法】：t 検定，重回帰分析

（1003字）

＜引用文献＞

石田靖彦・小島文（2009）．中学生における仲間集団の特徴と仲間集団との関わりとの関連～仲間集団の形成・所属動機という観点から～，愛知教育大学研究報告58，107-113．

を推測しています。①の本文に過剰適応の定義が述べられていますが，『環境からの要求や期待に個人が完全に近い形で従おうとし，内的な欲求を無理に抑圧してでも外的な期待や欲求にこたえる努力を行うことである』という内容から，仲間集団の「階層性」「凝集性」との関連の可能性を考えているのだと推察されます。

❺ 仮説の提示

❻ 研究の方法

　調査対象者が中学生と高校生ですが，中学校や高校などは調査が難しい場合が多いため，実現可能性が問われるケースです。フィールドはあるのか，調査に協力してもらえるのかを確認しておきましょう。
　質問紙調査に使用する尺度と，t 検定，重回帰分析という分析方法が書かれていますが，これにより，何

石津健一郎・安保英勇（2008）．中学生の過剰適応傾向が学校適応感とストレスに与える影響，教育心理学研究 56, 23-31

星野美欧・岡本祐子（2012）．過剰適応傾向が心理社会的課題におよぼす影響―心理社会的課題の親密性に注目して―，広島大学心理臨床教育センター紀要 11, 149-162

池田曜子（2013）．学級内における仲間関係―子どもたちの所属集団同士の差異化戦略―，日本文化研究科年報 28, 173-189

益子洋人（2009）．高校生の過剰適応傾向と，抑うつ，強迫，対人恐怖心性，不登校傾向との関連―高等学校2校の調査から―，学校メンタルヘルス 12, 69-76

野里有希・横山剛（2014）．中学生の仲間集団の特徴と拒否不安および自己表明との関連，文教学院大学人間学部研究紀要 15, 259-271.

小沢拓大・下斗米淳（2015）．過剰適応研究の体系化と今後の課題―過剰適応の防止に向けて―，専修人間科学論集心理学篇 5, 15-22

を見出すことができるのかを明確にしておくといいでしょう。

研究計画書サンプル 16

　この研究計画書は文字数が少なめです。文字数が少ないほど面接では詳しく聞かれることが多いので，十分な準備をしておきましょう。

　この研究は，「過剰適応」をテーマとして，過剰適応に関連したさまざまな問題があることを，先行研究を用いて示しています。そして，これまでの研究において所属集団のもつ変数に着目した研究が少ないことを指摘し，集団の特徴をもとに過剰適応の検討をすることを提案しています。その際，集団の中でも仲間集団に焦点を当て，所属する仲間集団の特徴が過剰適応傾向に及ぼす影響について検討することを目的としています。

　この研究では，周囲に上手く適応して一見何の問題もないように見える子どもに注目しています。環境からの要求，外的な期待や欲求に従おうとしているため，表面的には問題がないように見えるが，ネガティブな感情を抱き，突然キレる，不登校に至るといった問題を持つ子どもに対して，過剰適応という概念から説明しています。このように，表立ってはいないが潜在的なリスクのある子どもを捉えようとしているところがポイントです。また，過剰適応に影響を及ぼす環境要因として所属集団に注目していますが，ともすれば漠然としがちな「環境」という要因に対して，「仲間集団」という概念を用いて焦点を明確にしている点も評価のポイントです。研究内容を焦点化していく際，すべて先行研究を用いて根拠を示している点も適切です。

　そのうえで，研究の意義をもう少し進めて，臨床的な意義を述べるとよいでしょう。研究の意義として，「過剰適応に繋がる集団の要因を明らかにすることで，これまで明らかにされてこなかった側面を示し，過剰適応による問題の低減に有用な知見をもたらすことができるだろう」と書かれていますが，これらを明らかにすることで，どのように臨床の現場に活かしていけるのかという点まで言及するとよいと思います。

また，先ほどもコメントしましたが，「方法」に明記されている調査対象者の実現可能性について，さらに，この分析方法で何を見出すことができるのかを明確にしておくといいでしょう。これを明確にすることで，前述した臨床的な意義も見えてくると思います。

研究計画書サンプル >>> 17

精神病棟長期入院患者のパーソナリティと社会参加自信への影響
―看護師との関係を通して―

❶我が国の精神入院患者数は 31.5 万人にのぼり，その数は他国と比べても高い水準を維持している。その中でも統合失調症を含む長期入院の患者が多くを占めており，患者の QOL の観点からも退院促進は重要な課題であると言える。また，長期入院の解消は医療費削減の観点からも重要な意義がある。施策の観点からも，厚生労働省の「精神医療福祉の改革ビジョン」の提示や障害者自立支援法の施行に伴い，入院している精神疾患患者の社会参加の重要性に対する人々の認識が強くなっている。精神疾患患者の入院している病院では，特に社会的入院の場合，医療者による患者のエンパワメントが患者の社会的な社会参加を促す。

❷患者には各々のパーソナリティが存在する。パーソナリティに

研究計画書へのコメント

❶ 問題の背景

一部を除いて引用元が示されていません。入院患者に関するデータはどこに書かれていたものかを明示した方がよいでしょう。また，『精神疾患患者の入院している病院では，特に社会的入院の場合，医療者による患者のエンパワメントが患者の社会的な社会参加を促す』と書かれていますが，誰の見解かを示しておきましょう。

❷ 語句の説明

パーソナリティのさまざまな側面の中でも，Allport の先行研究をもとに，健全な対人関係に関するパーソナリティに焦点を当てています。

はさまざまな側面があるが，その中でも健全な対人関係に関するパーソナリティをAllport（1961）が指摘している。具体的には，①自己意識の拡大，②他人との暖かい人間関係の確立，③情緒的安定性（自己受容），④現実的知覚，技能および課題，⑤自己客観視・洞察とユーモア，⑥人生を統一する人生哲学の6つである。

❸このように，人のパーソナリティはその人の対人関係のパターンに影響を及ぼす。特に入院患者の場合，その患者のパーソナリティは医療者との対人関係に影響を及ぼすと考えられる。医療者には数々の職種が含まれるが，Peplau（1996）はその中でも看護師が，患者の最も近くにいて最も長い時間をともに過ごす存在であると述べている。そのうえでPeplau（1996）は，病気の時点で患者がもっている以上の知的・対人関係能力が獲得できるよう援助することこそが看護の焦点であると主張することができ，それは，看護師 - 患者相互作用を通じてそのような能力を育成することに看護実践の主眼をおくことによって可能になる，と述べている。

❹特に入院中ともに過ごす時間の多い看護師との関係は，患者の対人関係能力などに影響を与える。また天谷ら（2008）は，周囲と

❸ 先行研究のレビュー

❷で示した先行研究をもとに，『人のパーソナリティはその人の対人関係のパターンに影響を及ぼす』と述べていますが，❷で「健全な対人関係に関するパーソナリティ」として指摘されている6つのパーソナリティをもつ人が，健全な対人関係を形成するということなのでしょうか。パーソナリティと対人関係の関連の仕方について，補足的な説明があるとよりわかりやすくなると思います。

❷の知見をもとに，入院患者のパーソナリティが，医療者との対人関係に影響を及ぼす可能性を述べています。その中でも特に，看護師との関係を対象とすることの根拠を先行研究を用いて示しています。

❹ 先行研究のレビュー

統合失調者の社会参加に関する先行研究を示し，さらに，『その他，入院中の看護師との関係が患者の対人関係の基盤となり，対人関係の要素を多分に含む社会生活の練習の場

の支えとなる情緒的つながりが，統合失調者の社会参加自己効力感を促進する一つの要因であることを指摘している。その他，入院中の看護師との関係が患者の対人関係の基盤となり，対人関係の要素を多分に含む社会生活の練習の場として機能し，社会参加に対する患者の思考に影響を及ぼす可能性も考えられる。これらのことから，入院中の看護師との関係が，精神疾患患者の社会参加に対する自信に影響することが予測される。

❺ 以上のことから　本研究では精神疾患患者のパーソナリティが看護師との関係に影響を与え，さらに看護師との関係が患者の社会参加への自信に影響を与えるというプロセスを仮定する。

❻ 精神疾患患者のパーソナリティについての先行研究では，大谷（2009）がアルコール依存症患者の自己愛パーソナリティが再発に関する認知に及ぼす影響について述べているが，患者のパーソナリティが医療者を含む対人関係に与える影響について研究したものは見当たらなかった。よって本研究では，先述したAllport（1961）のパーソナリティの6つの区分を利用することにする。

❼ 患者と医療者の関係のタイプについては，患者−医師関係につ

として機能し，社会参加に対する患者の思考に影響を及ぼす可能性も考えられる』と書かれています。これは，誰の見解なのかを明示した方がいいでしょう。特に，看護師は対人援助職であり，看護師と患者との関係は，援助者―被援助者の関係です。これは社会生活での一般的な人間関係とは異なる面があります。前述されているように，看護師との関係が，社会生活の練習の場として機能し，社会参加に対する思考に影響を与えると考える根拠を先行研究を用いて示す必要が出てきます。仮説にも関係するので，明確にしておきましょう。

❺ 仮説の提示

これまで述べられていることを基に，研究の仮説が提示されています。

❻ 概念の提示

精神疾患患者のパーソナリティについての先行研究の現状を示したうえで，自分が採用する概念を述べています。これにより自分の研究テー

いて，患者の自律性に着目した古典的モデル（今井ら 1992），医療者の専門性に着目したモデル（今井ら 1992），患者の価値観に着目したモデル（Emanuelら 1992），深層価値ペアリング（Veatchら 1995，小松ら 1997）などの複数のモデルが存在することが分かった。本研究では患者の主体的な社会参加に対する意欲との関連を想定しているので，今井らの患者の自律性に着目した古典的モデルを参考にして利用する。具体的には患者の看護師との関係の認知を，「能動性―受動性モデル」，「指導―協力モデル」，「相互参加モデル」の3つに類型化して分析する。

社会参加に対する自信については，上述した大谷（2009）の研究以外に，精神障害者の社会参加に対する自信をその自己効力感と捉えた天谷（2007）の研究がある。天谷らはそれにより4因子27項目からなる精神障害者の社会参加効力感尺度を作成している。本研究ではその尺度を利用することにする。

❽ ●研究目的
・精神病棟長期入院患者のパーソナリティ，看護師との関係が，異

マに関する先行研究を概観したことが示され，さらに，Allportの先行研究の概念を用いることの根拠を明確にしています。

❼ 先行研究のレビュー

患者と医療者の関係には観点の異なる複数のモデルがあることを，先行研究を用いて示しています。そして，理由を明記したうえで，『今井らの患者の自律性に着目した古典的モデルを参考にして利用する』と，この研究の中での立場を明確にしています。また，使用するモデルについての説明もしています。❻と同様で，患者と医療者の関係についての先行研究を概観したことが示されています。さらに，患者の自律性に着目した古典的モデルを用いることの根拠を明確にしています。

❽ 研究目的

1つめの目的と❺に書かれた仮説の関係について，特に「異なるプロセス」とはどういうことなのかを明確にしたうえで説明することが必要

なるプロセスを経て患者の社会参加に対する自信に影響を及ぼすことを明らかにする。
・精神病棟長期入院患者の社会参加に対する自信を規定している要因の大きさを明らかにする。

❾ ●研究方法
①患者のパーソナリティ，看護師との関係，社会参加に対する自信の3つに関する内容の質問紙を作成する。
②精神疾患入院患者に対し質問紙を実施し，構造方程式モデリングを実施する。

（1899字）

引用文献

Allport, G. W. *Patern cnd growth in personality.* New York : Holt, Rinehart & Winston. 今田恵（訳），人格心理学（上・下），誠心書房，1968
E. Peplau『ペプロウ看護論　看護実践における対人関係理論』，医学書院，1996年
天谷真奈美，鈴木麻揚　柴田文江，阿部由香，田中留伊，大迫哲也，板山稔

でしょう。

❾ 研究方法

『患者のパーソナリティ，看護師との関係，社会参加に対する自信の3つに関する内容の質問紙を作成する』と書かれていますが，❽の文中に，「社会参加に対する自信」に用いる尺度が明記されています。ここは，説明が必要になる箇所です。また，「質問紙を作成する」と書かれていますが，正確には，質問紙調査で使用する尺度を作成するということだと思います。尺度を作成するのはかなりの時間や手間がかかり，相応の手続きが必要です。作成の仕方を理解できているかどうかが問われます。また，分析方法として「構造方程式モデリング」が書かれていますが，これにより，具体的に何が検討できるのかも明確にしておきましょう。

方法には対象者も書いておきましょう。研究の目的をみると，精神病棟長期入院患者だと推察されますが，フィールドが確保されていなければ，まず不可能な対象です。本当

統合失調症者の社会参加自己効力感を促進する要因　国立看護大学校研究紀要　7 (1), 1-8, 2008
大谷保和　治療薬・ストレスイベント・自己愛パーソナリティが日本におけるアルコール依存入院患者の再発リスク認知に及ぼす影響　日本アルコール・薬物医学会雑誌 44 (4), 308-309, 2009.8.28
今井道夫, 香川知晶『バイオエシックス入門』, 東信堂, 1992年
Veatch, Robert M "Abandoning Informed Consent", *Hastings Center Report*, 25, 2, 5-12, 1995
小松楠緒子, 山崎喜比古「新しい医師－患者関係モデルとその可能性─R.M.ビーチの Deep-Value-Pairing モデルを中心に─」『保健医療社会学論集』第8号, 40-48
天谷真奈美, 埼玉県立大学　『精神障害者の社会参加効力感尺度の開発』文部科学省科学研究費補助金研究成果報告書

に協力してもらえるか確認しておきましょう。また，**質問紙調査が可能な状態かどうかも問われます**。さらに，**精神病棟長期入院患者を対象として調査をするのであれば，相応の負担を対象者に強いることになります**。倫理的配慮も問われるケースですので，明確にしておきましょう。

研究計画書サンプル 17

　この研究計画書は，日本の精神病院の入院患者数が他国と比べて多いこと，その中でも，長期入院の患者が多くを占めていることを問題の背景として，患者の退院促進，長期入院の解消，社会参加の重要性などから，状況の改善を提示しています。次に，Allportが提唱した健全な対人関係に関するパーソナリティをもとに，入院患者のパーソナリティが医療者との対人関係に影響を及ぼす可能性を述べ，特に，看護師との関係を対象とすることの根拠を先行研究を用いて示しています。続いて，統合失調者の社会参加に関する先行研究を示し，精神疾患患者のパーソナリティが看護師との関係に影響を与え，さらに看護師との関係が患者の社会参加への自信に影響を与えるというプロセスを仮説として立てています。

　精神疾患患者のパーソナリティについての先行研究の現状を示したうえで，Allport（1961）のパーソナリティの6つの区分を利用すること，また，患者と医療者の関係についての複数のモデルから，患者の自律性に着目した古典的モデルを参考にして利用すること，さらに，精神障害者の社会参加に対する自信を自己効力感と捉えた研究で作成された精神障害者の社会参加効力感尺度を用いることを示しています。そのうえで，研究目的と方法が述べられています。

　また，日本の精神病院の入院患者の現状を示したうえで，患者の退院促進，長期入院の解消，社会参加の重要性などを提示しています。その際，患者のQOL，医療費削減，厚生労働省の「精神医療福祉の改革ビジョン」や障害者自立支援法など，観点を明確にしながら多角的に示しているため説得力があります。また，この研究の中で焦点を当てている「精神病患者のパーソナリティ」と「患者と医療者の関係」については，先行研究を概観し，理由を示したうえで自分の立場を明示しているため，根拠が明確で適切です。たまた

ま目についた先行研究を採用したのではなく,丁寧な先行研究のレビューを行っていることが理解できる点も評価のポイントです。また,「社会参加に対する自信」についても先行研究を用いて立場を明確にしています。このように「精神病患者のパーソナリティ」と「患者と医療者の関係」「社会参加に対する自信」という観点が,それぞれ的確に示されているため,焦点があいまいにならずに,何を研究したいのかが明確です。

　一方で,先ほどもコメントしましたが,援助者－被援助者である看護師と患者の関係が,社会生活の練習の場として機能し,社会参加に対する思考に影響を与えると考える根拠,また,目的と仮説の整合性を確認しておきましょう。さらに,❾研究方法でコメントした点は,研究の実現可能性にも関わるところなので十分に検討しておいた方がいいでしょう。この研究は,日本の精神病院の長期入院患者の現状をみると,意義があると思います。この研究から得た知見をどのように臨床の現場に活かすのかも明確にしておきましょう。

ファン集団が自尊心に与える影響

問題と目的 ❶ファンという言葉は，日常生活でもよく耳にするものであり，ファン心理を心理学的観点から把握することは，現代青年の心理的特性を理解するうえで非常に重要であるだろう。

❷ファンとは，スポーツや芸能での熱狂的な愛好者ファナティック（fanatic）の短縮語であり，スポーツ選手や芸能人など，有名人としてファンからの熱狂的愛好を受ける人々のことを「ファン対象」と定義している。戸田（2013）によるとファン対象を同一視するという心理規制が，自分と現実社会が適応的に結びついている感覚に影響を与えていることを示唆した。つまり，ファン対象を支えとして自尊心を保持しているということが考えられる。

❸しかし，ファン対象を持つすべての人が，自己と現実社会が適応的に結びついている感覚に影響を与え，自尊心を持っているとはいえないだろう。そこで，ファン集団に注目したい。ファン集団とは，同じファン対象を持つファン同士の集まりである。

研究計画書へのコメント

❶ テーマ

ファン心理をもとに，現代青年の心理特性を理解することをテーマにしています。

❷ 語句の定義

ファンの定義が述べられていますが，引用元を明示しておいた方がいいでしょう。「ファン対象」に関する先行研究を示し，それをもとに，『ファン対象を支えとして自尊心を保持している』という考えを述べていますが，自尊心の定義などを示して，先行研究で述べられていることと自尊心が結びつくような説明を加えておいた方が分かりやすくなると思います。

❸ 語句の定義

❷で述べられている以外のファンの心理として，「ファン集団」をあげ，定義を述べています。❷と同様に，「ファン集団」という言葉の引用元

❹ 今井・砂田・大木（2010）によると，ファンという一つの集団に属していることが，ファン対象を応援する役割を認識することとなり，役割を得ることが自尊心につながると示唆されている。このことから，ファン対象を持つものは，ファンという集団との関わりから影響を受けているのではないかと考えられる。また堀岡（2010）によると，集団活動という枠内で，様々な経験を通して成長する実感をもち，仲間や社会とのかかわりから精神的な安定を得ていることが推察されている。以上のことから，ファン集団が自尊心に影響を与えるのではないかと心理学的観点から予測する。

したがって修士論文では，ファン集団が自尊心に与える影響について検討することを目的とする。

❺ **方法** 対象者を高校生と大学生とし，「好きな対象への気持ち尺度（川上，2005）」，「自尊心尺度（RSES）（Rosenberg, 1968）」，「集団所属意識尺度（小城・広沢，2005）」の尺度から構成された質問紙を用いて調査する。分析方法は「ファン心理なし，ファン心理あり・集団なし，ファン心理・集団ともにあり」×「高校生，大学生」の2要因分散分析を行う。

（878字）

を書いておいた方がいいでしょう。もし，この研究の中で，同じファン対象をもつファン同士の集まりをファン集団と呼ぶと，執筆者が定義した場合には，その旨を明記しておくといいと思います。細かいことですが，このように，キーワードを明確にすることで，より学術的な研究計画書になるのです。

❹ 先行研究のレビュー

『ファンという一つの集団に属していることが，ファン対象を応援する役割を認識することとなり，役割を得ることが自尊心につながると示唆されている』という今井・砂田・大木の研究と，集団行動に関する先行研究が示されています。それをもとに，『ファン集団が自尊心に与える影響について検討する』という目的が述べられています。この目的は，今井・砂田・大木の研究ですでに明らかになっているように思えてしまいます。研究のオリジナリティを出すために，今井・砂田・大木の研究と自分の研究とは違うということを

主要参考文献

今井有里紗・砂田純子・大木桃代（2010）．ファン心理と心理的健康に関する検討　生活科学研究，32，67-79．

戸田成美（2013）．ファン対象が自我同一性の発達に及ぼす影響―ファン対象の imaginary companion 的性質に着目して―　花園大学心理カウンセリングセンター研究紀要，7，79-90．

堀岡園子（2010）．青年の友人関係および集団活動への関わり方と自我同一性との関連　北星学園大学大学院論集，1，85-97．

示す必要があります。そのためにも，「ファン」「集団」「自尊心」などの先行研究を十分に確認しておきましょう。

❺ 方法

方法の中で，高校生と大学生を対象にすると書かれています。①とも関連することですが，「ファン」は，青年期以外の年齢層にもみられるため，青年期に特有の現象とはいえません。その中で，ファン心理をもとに，現代青年を理解することの意義を先行研究を用いて示すようにしましょう。「青年期」に関する先行研究も確認しておくといいでしょう。また，この研究から得られた知見をどのように臨床の場にいかすのかについても押さえておくようにしましょう。

研究計画書サンプル 18

　この研究計画書は，ファン心理に焦点を当て，現代青年の心理特性を理解することをテーマにしています。ファン対象への同一視という観点の先行研究をあげた後，それとは異なるファンの心理として，「ファン集団」をあげ，定義を述べています。さらに，それに関する先行研究をあげ，ファン集団が自尊心に与える影響について検討するという目的が述べられています。方法として，高校生と大学生を対象にした質問紙調査の内容が書かれています。

　この研究計画書は，文字数が少なめです。そのため，面接では，文面に書かれていないことや補足説明が必要なところを詳しく聞かれる可能性があります。コメントではそれを意識しました。

　❶の文中に，「ファンという言葉は，日常生活でもよく耳にする」とありますが，日常的なことを心理学的に検討することは意義があることだと思います。また，特定の人にだけ見られるものではなく，一般的に見られる現象を研究することは，より広い対象の理解につながります。さらに，「ファン」という漠然としがちな概念に対して，「ファン対象」「ファン集団」などのように焦点化して，定義づけしながら論じている点も適切です。

　そのうえで，コメントでも書きましたが，「ファン」「集団」「自尊心」「青年期」などに関する先行研究は十分に目を通して，この研究のオリジナリティと妥当性を示すことが必要だと思います。特に，「自尊心」という概念は研究者によって定義や考え方が異なります。この研究の中ではどの立場をとるのかを示し，定義づけした方がよいでしょう。また，この研究をどのように臨床の現場にいかすのかという点も明確にしておきましょう。

付　録

面接対策

　最後に，面接対策についてお伝えします。大学院入試は就職活動と類似した部分があり，たとえ筆記試験で合格したとしても，面接で不合格になってしまう可能性が十分あります。また，面接は「人間力」が問われると思われがちですが「どれだけ準備してきたか」が，明確な差となって表れます。では，合格のために何を準備すればよいのでしょうか。本章でしっかり確認しましょう。

面接前の準備

　研究計画書を提出したら，もう修正はできません。あとは想定質問を考え，それに対する返答を考えておくことが準備となります。p.190に代表的な想定質問を列挙しましたので，自分なりの想定回答を考えてみましょう。なお，**回答をイメージするだけでは不十分**。必ずノートに**想定回答を文章で書いてみてください**。また，友人同士でもかまいませんので，模擬面接を実際にやってみるとよいです。答えられそうなことでも，実際にやってみると意外と言葉にならないものです。

想定回答作成の原則

　想定回答作成の原則は「正直に」「簡潔に」「専門的に」の3点です。

① 「正直に」

　面接は，臨床心理面接のモデル場面とみなすことができます。よって，そこで嘘をついたり，自分を誇示したりすることは，カウンセラーの3条件に反することになります。心理専門職の資質に問題あり，と認定されてしまえば，それは試験の不合格につながります。よってまずは，**正直に答えることを原則**としましょう。「思ってもいないこと」「真実ではないこと」は原則として回答すべきではありません。ただし，正直に答えるとはいえ，**言わなくてもいいことを，わざわざ言う必要はありません**。例えば，『卒業したら開業したい』という発言は，お金や自己実現のために心理専門職を目指すのか，と印象を悪くすることが多いです。よって，たとえ思っていたとしても言うべきではありません（ウソはついていません）。**聞く相手の立場に立ち，相手が不適切と感じる回答は控えましょう**。正直に答えることと，無神経に何でも言葉にすることはまったく別です。

② 「簡潔に」

　考えながらしゃべっていると，つい話が長くなってしまいます。よって，可能な限り**結論を先に述べましょう**。そのうえで補足したり，理由を述べたり，相手の反応に応じて具体例を付け加えたりしましょう。また，聞かれた

ことのみ答えることも大切です。もっと知りたければ相手の方から質問したり，表情で見せてくれたりするので，その時に改めて追加すれば大丈夫です。
　そこで，**想定回答を作る際は，質問の直接的な返答となる結論を先に考えます**。そのうえで，その結論に至った経緯や理由，補足内容を付け加える形で準備を進めるとよいでしょう。

③「専門的に」

　例えば，「仮説をどのように明らかにしますか？」と聞かれた時に，『介入した人たちとそうでない人たちに，差があるか検討する』と答えるよりも『実験群と統制群について t 検定を行い，有意差が認められるか検定する』と答える方が，より望ましいです。**専門用語が使える場面では，積極的に専門用語を取り入れていきましょう**。

　また「どのような心理専門職になりたいですか？」と聞かれたとします。ここで答えてほしいのは「クライエントの話をしっかり聞ける心理専門職」など，心理専門職を目指すのであれば「誰でも当たり前」の話ではありません。またこの回答は，臨床心理学を何も勉強していない人でも可能な回答です。やはり，**心理専門職として目指す将来像について，時間をかけて検討した人でなければできない回答を行うべき**でしょう。例えば「主に教育分野でスクールカウンセラーとして，教師とのコンサルテーションを通じて連携し，学校に適応できない子どもたちを支援していきたい」という返答があげられます。答えるべきは**「心理専門職として，どのような職域で，どのような対象に関わっていきたいか」という「あなた固有の」具体的な将来像**です。

　面接は「あなた」を知るための試験です。その試験で，せっかく勉強してきた専門用語を使わなかったり，誰でも答えられる回答をしていたのでは，臨床心理学の専門家を目指す者として，認められないのです。想定回答を作る際には**「専門用語が使える場面で，積極的に使うことができているか」「誰でも答えられる回答になってしまっていないか」**をチェックしてください。

　以上の3点を意識したうえで，次のページから始まる想定質問に対して，自分なりの想定回答を準備してみましょう。

想定質問集

1. 研究計画書の内容に関する質問

- ☐ 研究計画書の概要を教えてください。(※1)
- ☐ この研究を進めようと思ったきっかけを教えてください。
- ☐ 卒論と計画書のテーマがかなり異なるようですが、なぜですか。
- ☐ あなたの研究の仮説を説明してください。
- ☐ あなたの研究で注目している○○という用語(概念)について、より詳しく説明してください。
- ☐ 研究対象とその理由を教えてください。(※2)
- ☐ (研究対象が特殊である場合)実際にデータを取ることが困難と予想されますが、その点についてどうお考えですか。
- ☐ あなたの研究計画書を読んだ限り、○○と考える方が妥当と思われますが、その点についてどうお考えですか。(※3)
- ☐ あなたの研究計画書の○○の部分がよく理解できなかったので、より詳しく教えてください。
- ☐ あなたの仮説を明らかにするための方法を教えてください。
- ☐ 統計的にどんな手法を用いるか、教えてください。
- ☐ あなたの研究の臨床心理学的意義を説明してください。
- ☐ あなたの研究は、臨床心理学というより○○学のような印象を受けますが、どう思われますか。(※4)
- ☐ この研究を、あなたの将来にどのように役立てたいと考えていますか。(※5)

※1 無計画に話し出すと、話が長くなりすぎて要点がまとまらなくなる恐れがある。仮説と方法、そして「研究によって得られる知見の意義」の3点で構成しよう。
※2 研究対象として想定している年齢層と人数は必ず述べられるように。
※3 一瞬、頭が真っ白になってしまう質問の1つ。まずは落ち着いて、自分の考えを説明しよう。そのうえで、面接官の意見を尊重し、絶対に否定したり反論したりしないこと。「ご意見ありがとうございます。ぜひ参考にさせて下さい」などの返答を行いたい。
※4 こちらも、かなり動揺する質問。まずはいきなり否定しないこと。落ち着いて、臨床心理学的な意義を説明しよう。「確かに○○学のような印象もありますが、□□という点で、本研究は臨床心理学的な意義があるものと思われます」
※5 志望理由書を提出した場合はその内容とズレがないように気をつけよう。また、自分の考えている心理専門職としての将来像や希望の職種とのズレもないようにしたい。

2. 志望動機に関する質問

- [ ] なぜ本学を志望したのですか。（※1）
- [ ] 指導教員は誰を希望しますか。
- [ ] 他の大学院も受験されますか。両方合格されたら，どうしますか。（※2）
- [ ] なぜ心理専門職になろうと思ったのですか。（※3）
- [ ] なぜ心理学に興味をもったのですか。
- [ ] 福祉職や医療職ではなく，なぜ心理専門職なのですか。（※4）
- [ ] （社会人の場合）なぜ今のキャリアを中断させてまで，心理専門職を目指そうと思ったのですか。（※5）

※1 意外と他の学校との差別化は難しい。「近い」「学費」が本音でも，それは述べるべきではない。教授の研究領域や施設，学校の特色を調べておきたい。

※2 原則通り，正直に答えよう。ただし「他の大学院が第1志望です」など，余計なことはいわない。第1志望でない大学院から「両方合格したらどうする？」と聞かれたら，「ご縁が頂けた大学院の中から再度検討させて頂き，進路を決定します」といったように答えよう。

※3 意外と返答が難しい質問。原則通り正直に答えるべきだが「自己実現」よりも「クライエントのため」という視点があるとよい。例えば『スクールカウンセラーになりたいから』よりも『スクールカウンセラーになって，学校に適応できない生徒たちを支援していきたいから』の方が望ましい。

　　また，過去にうつ病など困難を抱えていた人は，例えそれが心理専門職を目指すきっかけであったとしても，あえていわず，別のきっかけを述べる方が無難。結局，自分が立ち直るために心理専門職を目指していると判断され，「クライエントのため」ではなく「自分のため」と思われてしまう。「自分もうつ病だったから，うつになった人の気持ちがわかる」なんていってしまうと，不合格ほぼ確定。同じうつでも，個人個人で背景も感じ方も異なる。自分と他者を区別するという，心理専門職がもつべき客観的視点に欠けていると判断される。

※4 暗に「心理専門職とはどんな職業か，理解しているか？」と聞かれている。臨床心理士の4領域をもとに，福祉職や医療職など，他職種ではできない心理専門職としての独自性を答えたい。

※5 「昔から興味があった」では，「憧れだけで大学院を目指した残念な人」という扱いになってしまう。社会人経験を踏まえ「●●という仕事を続ける中で，△△について問題を感じ，□□の人々に対する援助の必要性を強く感じたから」といった形で，できるだけ具体的な話を述べたい。

3. 将来像に関する質問

- [ ] どのような心理専門職になりたいと考えていますか。（※1）

- [ ] 心理専門職は就職がかなり厳しいといわれていますが，どのようにお考えですか。(※2)
- [ ] 公認心理師の受験資格はありますか。(※3)

※1 p.189でも述べたように「誰でも答えられる内容」ではなく「自分なりの具体的な将来像」を。最低でも目指す職域は明らかにしておきたい。
　　しかし，あまりに将来像を断定しすぎるのも，視野が狭く頑固な印象を与える。目指す将来像はあるが，大学院での学びを通じて，その将来像は柔軟に軌道修正できるというニュアンスを含むことがより望ましい。

※2 回答が難しい質問の1つだが，特に男性は聞かれる確率が高いと覚悟しておこう。原則として「そもそも，安定を求めているわけではない」というスタンスで臨むことを心がけよう。

※3 「公認心理師の受験資格を持っている」と思いこんでいた人が，大学院入学後に公認心理師の受験資格がないことが判明し，大学院側とトラブルになったケースがあるという。
　　このようなトラブルを防ぐため，面接試験時に大学院側は「公認心理師の受験資格をお持ちですか？」と尋ねることが多いという。つまりこの質問は，公認心理師になれない者を排除するための質問というよりも，入学後にトラブルにならないための「確認」の意味合いが強い。
　　よってこの質問について，受験資格があるならば「ある」と，ないならば「ない」と正直に答えよう。一番まずいのは，トラブルの元になりうる「わからない」という返答である。また公認心理師の受験資格がない場合，なぜ公認心理師の資格は取れなくても，臨床心理士だけでも取得しようと思ったのか，理由を説明できるようにしておけるとよい。さらにいえば，臨床心理士のみの取得であっても問題がないか，あらかじめオープンスクールや研究室訪問などで事前に確認しておくことが望ましい。

4．その他の質問

- [ ] 卒論の内容について教えてください。(※1)
- [ ] 筆記試験の出来はどうでしたか。
- [ ] 心理学はどうやって勉強しましたか。(※2)
- [ ] 大学生（社会人）の頃，最も印象に残ったことは何ですか。

※1 心理学科卒業ではない人も「心理学ではないのですが…」と述べたうえで，卒論の内容を説明すれば大丈夫。無理に心理学に関係させる必要はない。大学4年生の場合は，進行中の卒論の進捗状況を報告する形となる。卒業論文を書いていない人は，その旨を正直に伝えれば大丈夫。

※2 予備校に通っている場合は「予備校に頼りきり」という印象を与えない方がよい。基本は独学。補助として予備校を「利用した」という形で述べよう。

面接当日の心得

　十分に想定質問と想定回答を準備できれば，あとは腹をくくって面接当日を迎えるのみです。以下に当日の注意点をあげますので，ぜひ面接当日も，このページに目を通してから会場に足を運んでください。

面接当日の注意点

① 誠実さと清潔さを感じられる服装で

　服装の原則は「誠実さ」と「清潔さ」。まず，男女ともにスーツが基本です。また，アクセサリーや化粧も必要最小限で。髪型も清潔で派手さのないものが望ましいです。男性の場合，きちんと髭も剃って行くべきでしょう。面接は「入学させてもらいにいく」わけですから，**自分の価値観を面接相手に押し付けるのではなく，面接相手の価値観に合わせるのが基本**です。面接相手の多くは年配の大学教授。彼らが見て「だらしない」「汚い」と考える服装や身だしなみは避けましょう。

② 胸を張り，ゆっくり話そう

　進路がかかった面接で緊張するのは仕方がありません。よって「緊張するな」ではなく**「緊張状態に対して，どう対処するか」**を考えましょう。具体的には，緊張すると下を向きがちになります。また，早口にもなりがちです。そこで，意識すべきは２点。**胸を張り，視線を話している相手に向けること。いつもよりも意識してゆっくり話すこと**。特に後者については，緊張で早口になるため，ゆっくりすぎるぐらいのスピードで，ちょうどよい早さになります。

③ 「想定外」は，あって当然

　どれだけ十分な準備をしても，想定していないことを聞かれたり，思ってもいない質問をされたりするのは，むしろ当然と考えておきましょう。**「想定外の質問がある」ことも，想定しておく**のです。
　では，この「想定外」に，どのように対応すればよいのでしょうか。
　基本的な対応は，**「間」を恐れず，じっくり考えてから話す**ことです。想

193

定外の質問をされた時，多くの場合，答えに詰まって「間」が生まれてしまいます。この「間」は，極度に緊張感が高まります。そのため「間」を回避しようと，思ってもいないこと，いわなくてもいいことまでいってしまう…これが最も危険な展開です。返事する側は5〜10秒の「間」がとてつもなく長い時間に思えますが，**面接官側は5〜10秒の間は，まったく気になりません。**むしろ「無責任なことはいわないよう，しっかり考えて答えようとしているな」と，肯定的な評価すら与えられる場合があります。

よって，想定外の質問をされた時は，**しっかり「間」をとって，じっくり考えてから，言葉を発しましょう**。考えながら話すのは，話が長くなる上に要点がまとまらなくなることが多いので，結果として否定的な評価になります。**その場で考えられる最適な回答をきちんと考えてから，丁寧に，誠実に，ゆっくり回答すれば，絶対に大丈夫**です。

圧迫面接，どうする？

最後に，多くの人が気になるであろう「圧迫面接」と，その対処方法についてお伝えしたいと思います。

① 圧迫面接は「試されている」

圧迫面接が始まると，受験生はかなり動揺するようです。「なぜ，こんなに否定的な意見を言われるのだろう？」「何か，相手の気にさわる発言をしてしまったのだろうか？」「自分を不合格にしようとしているのではないか？」さまざまな不安が高まります。一番の疑問は「自分がなぜ，圧迫面接を受けているのか，理由がわからない」ことでしょう。ただしこの疑問については，明確な答えがあります。

圧迫面接は，**圧迫に対する反応を見ることで，あなたの人間性が試されている「試験（試練）」**です。将来的にみなさんが心理専門職となり，クライエントと接することになった場合，話を聞くだけで嫌な思いをしたり，不快な気持ちになったりする場面は十分考えられます。そうなると，圧迫面接のたった数十分のストレスに耐えられない人が，心理専門職としてやっていけるのでしょうか。**圧迫面接は，心理専門職として必要なストレス耐性を，試**

されているのです。よって，圧迫面接が始まったからといって，混乱したり熱くなったり絶望したりせず，「今，ストレス耐性を試されている！」と考え，言葉通り**「耐える」**のです。そして，**冷静に，客観的に，落ち着いて，丁寧に，**返事をしましょう。圧迫面接の有無で合否が決まるのではなく，圧迫面接にどう対処するかで，合否は分かれるのです。

② 原則として「反論しない」

基本的には**面接官の否定的な発言を認め，受け止めつつ，自分の考えを丁寧に説明**しましょう。**怒りや混乱に流されて，勢いで反論してしまうことが，最も危険**です。以下にいくつか返答例を紹介します。

「この研究計画は，○○と考えるべきでは？」
→×「いえ，そうではありません。私は□□と考えております。なぜならば…」
→○「ご意見ありがとうございます。参考にさせて頂き，よりよい研究ができるよう，準備いたします」

「臨床心理士に向いていないのでは？」
→×「そんなことはありません。私は○○という点で臨床心理士に向いていると思っております」
→○「まだ考えが甘かった部分があるかもしれません。よろしければ，どのような点でそう思われたのか，お聞かせ頂けないでしょうか」（その後，指摘された部分について，改善の方向性を述べる）

③ 結局のところ，事前準備が差をつける

結局のところ，**圧迫面接に対応できるかは，いかに事前準備できたか**によります。研究計画について，志望理由について，心理専門職としての将来像について，志望先の大学院とその先生方について，**十分に話す材料がなければ，圧迫面接の状況下で冷静に自分の考えを説明することなんてできません。**しっかり事前準備を行ったうえで圧迫面接を乗り越えましょう！

索引

欧文索引

CiNii　21
FACES Ⅲ　82
GTA　150
K-J法　75
STAI　82
TEM　150

和文索引

あ行

愛着スタイル　59
アナーティブ行動　62
アタッチメント　165
圧迫面接　194
育児不安　123
いじめ　54
インターネット　156
引用　27
引用文献　21, 26
うつ病　86
うつ病患者　55
絵本　93
円環モデル　80

オリジナリティ　28

か行

回想　164
階層性　170
外的適応　111
回避性人格傾向　64
学習指導　58
学術雑誌　21
学生相談　54
過剰適応　111, 169
仮説　24, 32, 43
家庭ストレス　58
がん患者　55
関心領域　10, 20
間接引用　27
帰属意識　86
凝集性　80, 170
研究　4
研究テーマ　10, 20
研究法　26
研究倫理　30
言語的攻撃　137
高機能広汎性発達障害　150
攻撃性　136

広汎性発達障害　59
国会図書館　21
孤独感　136, 156
子ども　94
子どもの発達段階　93
コーピング　59, 117
コラージュ制作　58

さ行

在宅介護　131
作成スケジュール　13
サブタイトル　25
詩歌療法　54
時間管理　40
自己愛傾向　57
自己開示　55
自己管理　40
自己効力感　56
自己呈示　144
自己明確化　149, 151
字数　4
自尊感情　61
自尊心　183
実現可能性　29, 42
質的研究　26, 44
質的ストレッサー　117
質問紙　107
質問紙調査　89, 171
児童虐待　59

自閉症児　149
自閉症スペクトラム　60
志望動機　191
社会参加自信　175
社会的スキル　64
重回帰分析　171
就職活動　5
修士論文　4
職業ストレス　61
職場ストレッサー　116
書籍　11
身体的攻撃　137
信頼関係　54
心理学の論文　31
心理的自立　58
睡眠不足　55
スクールカウンセラー　71
ストレス　104
ストレスコーピング　58
ストレッサー　72
精神疾患患者　175
精神的健康度　86
青年期　156
積極的困難需要　35
摂食障害　56
先行研究　5, 21
想起法　42
想定回答　189
想定質問　190

197

ソーシャルサポート　55, 88, 104
ソーシャルサポート認知　86
ソーシャル・ネットワーク　103
ソーシャルメディア　156
存在受容感　110

た行

対象者　29
対人関係調整能力　143
対人恐怖　56
対人不安者　62
対人摩耗　110, 145
タイトル　25
父親　60, 123
調査・研究活動　8
t 検定　171
適応障害　143
適応性　80
テーマ　21
テーマの設定　41

な行

内向性　59
内的作業モデル　165
内的適応　111
仲間集団　170

は行

バウムテスト　58

発達障害　54
母親　58, 123
パワーハラスメント　62
バーンアウト　72
半構造化面接　82, 90, 127
引きこもり　56, 64
筆記試験　5
ファン集団　183
不登校　54, 169
文献リスト　21
文章完成法　74
ペアレントトレーニング　149
閉鎖性　170
方法　26

ま行

孫引き　27
慢性疾患　78
面接　5, 188
メンタルヘルス不調　86, 116
問題意識　20
問題提起　23

や行

友人関係　156
養育態度　64
幼児　94
抑うつ経験　56
抑うつ傾向　61, 169

読み聞かせ　93

ら行

量的研究　26, 44
量的ストレッサー　117
履歴書　5
臨床心理学的地域援助　8
臨床心理査定　7
臨床心理士の4領域　7
臨床心理面接　8
倫理　30
レジリエンス　59
論文　11
論文検索システム　21

監修者

河合塾 KALS

河合塾グループの㈱KEIアドバンスが主宰する，大学生・社会人を主対象としたキャリア予備校。公認心理師・臨床心理士をはじめとする大学院入試対策，大学編入・医学部学士編入試験対策などの進学系講座を中心に，キャリア実現に向けた幅広いサポート・サービス提供を行っている。

著　者

渋谷寛子
- 2008 年　立教大学大学院現代心理学研究科臨床心理学専攻博士課程前期修了
- 2017 年　立教大学大学院現代心理学研究科臨床心理学専攻博士課程後期単位取得退学
- 現　在　河合塾KALS講師（担当：心理学，臨床心理学論述演習，研究計画書）

宮川　純
- 2005 年　名古屋大学大学院教育発達科学研究科心理発達科学専攻博士課程前期修了
- 現　在　河合塾KALS講師（担当：心理学概論，心理学，心理統計学，研究計画書）

NDC140　　207p　　21cm

公認心理師・臨床心理士大学院対策
鉄則10 & サンプル18　研究計画書編

2018年7月20日　第1刷発行

監修者	河合塾KALS
著者	渋谷寛子・宮川　純
発行者	渡瀬昌彦
発行所	株式会社　講談社

〒112-8001　東京都文京区音羽2-12-21
　販　売　(03) 5395-4415
　業　務　(03) 5395-3615

編　集　株式会社　講談社サイエンティフィク
　　　　代表　矢吹俊吉

〒162-0825　東京都新宿区神楽坂2-14　ノービィビル
　　編　集　(03) 3235-3701

本文データ制作	株式会社エヌ・オフィス
カバー・表紙印刷	豊国印刷株式会社
本文印刷・製本	株式会社講談社

落丁本・乱丁本は，購入書店名を明記のうえ，講談社業務宛にお送りください．送料小社負担にてお取替えいたします．なお，この本の内容についてのお問い合わせは，講談社サイエンティフィク宛にお願いいたします．定価はカバーに表示してあります．

© Hiroko Shibuya and Jun Miyagawa, 2018

本書のコピー，スキャン，デジタル化等の無断複製は著作権法上での例外を除き禁じられています．本書を代行業者等の第三者に依頼してスキャンやデジタル化することはたとえ個人や家庭内の利用でも著作権法違反です．

JCOPY　〈㈳出版者著作権管理機構　委託出版物〉

複写される場合は，その都度事前に㈳出版者著作権管理機構（電話 03-3513-6969, FAX 03-3513-6979, e-mail: info@jcopy.or.jp）の許諾を得てください．

Printed in Japan

ISBN 978-4-06-512383-6